AF607421

Imagen de la portada: Julio Fer.
http://www.edicionesinvasoras.com
D.L. ZA 83-2024
ISBN: 978-84-18885-42-6

InAnna

La selva de Miranda

María Caudevilla

PRÓLOGO

José Gabriel López Antuñano

Después de estas líneas introductorias, el lector se encontrará con dos nuevos textos dramáticos de María Caudevilla, *InAnna* y *La selva de Miranda*, estrenados en 2022 y 2023 respectivamente. Se trata de dos obras con diferente tono: la primera, toma ocasión de un hecho trágico, real y cercano a la dramaturga; la segunda se inspira en *La tempestad*, y la comedia respira entre las vicisitudes de los personajes. Sin embargo, en ambas bulle la fantasía, conectan con realidades próximas y están transidas de una autorreferencialidad anclada en alejados mundos de ficción.

InAnna es el recuerdo desgarrado, sincero y emocional ante la muerte de Anna Campbell, una joven inglesa, hermana de una actriz de su compañía, en el transcurso de un bombardeo turco sobre Afrim (Siria) contra las Yekîneyên Parastina Jin (YPJ), una brigada internacional de mujeres que combate en Rojava (Kurdistán Occidental). La tragedia se acrecienta ante la prohibición de rescatar el cadáver de la víctima: *Antígona* de Sófocles subyace en el drama. *La selva de Miranda* parte, como se ha escrito, de la comedia de Shakespeare y en ese ambiente mágico, trasladado a la selva amazónica, se inscribe la lucha por el poder entre Alonso, rey de Nápoles, y Próspero, duque de Milán, superado por el amor de los vástagos de los dos nobles, Fernando y Miranda.

Drama y comedia salen de la misma pluma y en ellas se identifican una serie de rasgos comunes tanto en contenidos y procedimientos formales, así como en transferencias de la dramaturga mediante la autorreferencialidad, entendida como manifestación de sensaciones y vivencias, que nacen de una emotividad, cohesivamente ligadas a la autora, y con pretensión de conectar con el espectador a través de la conmoción. Se desarrollan en espacios autoficcionales con una escritura, donde germina un universo de recuerdos, atesorados en la memoria, pero insertos, y en cierto sentido desleídos, en un cúmulo de sentimientos, sensaciones, referencias y señas de identidad, inscritos en territorios emocionales e íntimos.

De este modo, aborda sucesos de alcance, pero fuertemente opinados, más emocional que racionalmente: y afloran situaciones que hubieran quedado en el olvido, como la muerte de Anna, si esta no hubiera impresionado a la dramaturga; o bien, inscribe en un disparatado y simpático universo mágico las inquietantes luchas por el poder de la sociedad contemporánea, que originarán víctimas, si no se superan las divergencias, aquí, en *La selva de Miranda*, por el amor, que destila un humor balsámico capaz de cauterizar heridas.

Aborda en ambos textos cuestiones del *hic et nunc*, pero sin pretensión de denuncia o misión aleccionadora. Le basta con manifestar sensaciones y vivencias, que nacen de la propia emotividad y con la pretensión de conectar sensorialmente con el espectador, en busca de compasión, porque como decía Foucault en *Las palabras y las cosas* el escritor no basa el comentario en certezas y realidades con pretensión de objetividad, sino en experiencias personales sin contraste objetivo. Y agrego, con intención por parte de la dramaturga, de mostrar la sociedad presente como un sueño, con diferentes tonalidades (pesadilla en *InAnna*, sanador en *La selva de Miranda*), para revelar cómo el destino puede superarse y construirse un mundo más humano.

De este modo transpiran el perdón y el deseo de reconciliación, tanto en una guerra que es (la de Kurdistán), aunque informativamente permanezca olvidada, como en otra que pudo ser entre los condados de Milán y Nápoles, espléndida metáfora de la sociedad bipolar instalada en tantas naciones; la detección, sensibilidad y rebeldía ante las injusticias de la sociedad presente; el deseo de cambiar hábitos y sistemas bien mediante el coraje de Anna o el desbordado amor de Miranda; el optimismo por creer en la posibilidad de un mundo sin traumas, ni fealdad, donde la felicidad sea asequible. Son estos algunos de los asuntos que referencian un aquí y un ahora, pero que los desborda ese mapa emocional que proyecta la dramaturga, mediante una escritura fragmentaria que permite la mezcolanza de planos espacio temporales, donde la historia predomina frente a los personajes de naturaleza actancial. Los espectadores asistirán a un desvelamiento íntimo, con acento poético y tono alegórico, más en *La selva de* Miranda que en *InAnna*, capaz de trasportar a otros lugares.

Brno, 25 de mayo de 2024

InAnna

María Caudevilla

Muero como he vivido
un espíritu libre, Anarquista,
sin deudas de lealtad a ninguna autoridad
ni del cielo ni de la tierra.

Dramatis Personae

Lobo
Caperucita
Antígona
Anna
Héctor
Alba
Asmin
Mamá
Papá
Abeja I/Anna
Abeja II/Mamá
Abeja III/Papá
Vincent

* Pieza escrita para cuatro intérpretes.

Anna está presente a lo largo de la pieza.

Prólogo

Sara Campbell se dirige al público en su lengua materna. Subtítulos.

1. Antes

En un páramo oscuro de un bosque talado un lobo canta:

Lobo

There was a girl
A very strange enchanted girl
They say she wandered very far
Very far
Over land and sea
A little shy and sad of eye
But very wise was she
And then one day
A magic day she passed my way
And while we spoke of many things
Fools and kings
This she said to me
"The greatest thing you'll ever learn,
Is just to love and be loved in return".[1]

CAPERUCITA camina firme tirando de un ataúd vacío. Avanza impasible en la noche oscura del bosque. CAPERUCITA cae rendida y duerme. El LOBO se acerca y se miran fijamente. Cae una bomba. Alguien da una orden en kurdo.

¡Hêlîn!

1 Nature Boy (1947) de Eden Ahbez. Adaptación con cambio de género y traducción sobretitulada.

ANTÍGONA está en el váter de un hotel en Solemania, región kurda al norte de Irak. Deja a un lado el test de embarazo. Espera. Se acerca al teléfono:

ANTÍGONA
Hello (...). Yes. Is there a wifi password, please? (...) Password, yes (...). hotel2018. Thank you.

Introduce la clave en su móvil. Vuelve al test de embarazo. Envía un whatsapp de voz.

ANTÍGONA
Hola. Acabo de llegar al hotel. Todo bien. Me vino a buscar Alba. Te manda un beso. Estoy agotada. Me acuesto y mañana hablamos, ¿vale?
Te quiero.

Manda otro mensaje. Escrito. ANNA no deja de observarla.

ANNA
¿Qué haces aquí?

ANTÍGONA
He venido a buscarte.

ANNA
No me voy a ninguna parte. Este es mi lugar.

ANTÍGONA
¿Sabes lo que estás haciendo?
Sabías que podías morir, ¿verdad?

ANNA se aleja de ANTÍGONA. ANTÍGONA no puede verla.

ANTÍGONA
¡Anna! ¡Sé que estás aquí!

Anna
¡Auhhhhhh!

Antígona
¡Anna! No me jodas.

ANTÍGONA la busca, pero solo encuentra una bolsa cerrada.

Antígona
Solo podías llevar seis kilos en tu mochila. Dejaste aquí tres objetos: un pijama de Barrio Sésamo -toma- un libro de Öcalan y un paquete de gominolas, veganas.

Oscuro.

2. El pijama de Barrio Sésamo

Dos linternas en la oscuridad del bosque.

Antígona
¡Auhhhhhh!
¿Qué ha sido eso?

Anna
Has sido tú.

Antígona
Que no, mira, escucha.
¡Auhhhhhh!
¿Has oído?

Anna
¡Auhhhhhhh!
¡Sí! ¿Y tú?

Antígona
¡Ahora has sido tú!

Anna
Que no, mira.

Lobo
¡Auhhhhhhh!

Huyen. Dentro de una tienda de campaña.

Anna
Tengo miedo. Voy a ver qué es.

Saliendo. Antígona la detiene.

Antígona
¡No vayas!

Anna
¿Qué es?

Antígona
Una fantasma.

Anna
Ah.
¿Qué es una fantasma?

Antígona
Una persona que se murió.

Anna
Ah.
Yo no me voy a *murir*.

Antígona
Todos nos vamos a morir.

Anna
No. Yo no voy a ser una fantasma.

Antígona
Te salen pelos blancos. O te quedas calva. Después eres tan vieja que te mueres.

Anna
Yo no voy a estar calva. No voy a ponerme vieja.

Antígona
Todos nos ponemos viejos.

Anna
Anna Campbell no.

Antígona
Pues no sé cómo lo vas a hacer.

Anna
Pos así.

Antígona
Así, ¿cómo?

Anna
Así, ¿ves? Cuando me mura me sujeto así los ojos. Me sujeto las pestañas arriba. Ves, así entra la luz y no me *muro*.

Amanece. Bajo las sábanas asoma HÉCTOR.

Héctor
Buenos días.

Antígona
Hola.

Se besan.

Antígona
¿Cómo estás?

Héctor
Algo así debió sentir Van Gogh cuando llegó a París y se encontró con los impresionistas: ¡hay color!
¿Estás llorando?

Antígona
He tenido un sueño. Es como si hubiese una presencia. Un monstruo. No lo puedo ver. Pero está ahí. Sé que está ahí, aunque no lo pueda ver.

Héctor
Lo siento.

Antígona
No es que no te quiera.

Héctor
Lo sé.

Antígona
O que la quiera más a ella.

Héctor
Lo sé. Estaba...

Antígona
Sé que también tú la querías.

Héctor
Ven.

Antígona
La echo tanto de menos. Se ponía ahí. En el marco de la puerta a contarme cómo le había ido el día. Caminando en bragas por la casa. Con su taza favorita, la del zorro.
Ha llegado un libro por correo. No puedo abrirlo. Ayer encontré su receta de la mayonesa vegana en el bolsillo de mi abrigo.
No puedo. No puedo. Mi futuro está incompleto. Se suponía que iba a volver. Fragmentada. Teníamos tanto por hacer.
No puedo.

Héctor
Ven.

Antígona
No puedo.
Quiero ir sola.

Héctor
¡Ven!

Antígona
¿Estás ahí? ¿Estás ahí?
¡Mierda!

Llama a recepción desde el teléfono del hotel.

Antígona
There's something wrong with the wifi. It comes and goes.
Good morning. I said the wifi. There's something wrong. It comes and goes.
Are you there?
Are you there?

Le falta el aire. Bombas.

¿Estás ahí?
¿Qué pasó?

Anna
No sé. No mucho. Se nos cayó encima. No me acuerdo.

Antígona
¿Fue rápido?

Anna
Supongo.
Fue después del atentado del TAK en Estambul. Lo del estadio.
Se intensificaron los ataques. Fuimos a Afrin.

Antígona
Pediste ir a Afrin.

Anna
Abrieron paso al Daesh. Pero era Turquía. Las bombas eran turcas.

Antígona
¿Por qué pediste ir a Afrin?

Se escucha "Keçe Kurdan". La COMANDANTE ASMIN habla en kurdo.[2]

Asmin
Berê digotin ku ji xêncî çiyayan tû dostên Kurdan tune. Niha em dizanin ku ji her derê hevalên me hene. Gava ku Hêlîn hat Rojava, ew li cem min ma. Ew ji civîna yekem bala min kişand. Ji dilsozî, zelalî û paqijiya wê ez bandor bûm. Carekê min jê re got: Hêlîn, ez hîs dikim ku tu Kurd î.

---

2 Traducción sobretitulada.

[Antes decían que los kurdos no tenían más amigos que las montañas. Ahora sabemos que tenemos amigos de todas partes. Cuando Hêlîn llegó a Rojava se quedo conmigo. Llamó mi atención desde la primera reunión. Me conmovió su honestidad, claridad y pureza. Una vez le dije: "Hêlîn, siento que eres una kurda"].

Saca una bolsa con las pertenencias de ANNA.

Anna
Mis cuadernos, calcetines, unas fotos.

Antígona
En esa estamos todos. Mamá. Caras locas.

Anna
Mi diario.

Antígona
"Nos intentaron enterrar sin saber que éramos semillas". ¿Me lo puedo quedar?

Antígona
¿Qué clase de guerrillera se va a luchar con unas bragas de Snoopy?

Todas cantan.

Asmin
Ji roja ku hat û vir de wê dixwest tevlî şer bibe. Lê li vir pergalên me, rêgezên me hene.

[Quiso unirse a la lucha desde el día que llegó. Pero aquí tenemos nuestros sistemas, nuestras normas].

ANNA
Tenemos entrenamiento diario y clases durante tres meses.

ANTÍGONA
¿Clases de qué?

ASMIN
Perwerde bingeha her tevgera şoreşgerî ye. Lê li ser rastiya civakî û dîroka gelan, li ser bîrdozî û siyasetê, perwerdeyek krîtîk û kûr. Xwedî nêzîkatiyek krîtîk a li hember dîroka ku li ser me hat ferzkirin, ji me re dibe alîkar ku em rastiya modernîteya kapîtalîst fêhm bikin ji bo ku mekanîzmayên têkoşînê pêş bixin.

[La educación es la base de todo movimiento revolucionario. Pero una educación profunda y crítica sobre la realidad social y la historia de los pueblos, sobre la ideología y la política. Tener un acercamiento crítico hacia la historia que nos ha sido impuesta nos ayuda a entender la realidad de la modernidad capitalista para poder desarrollar mecanismos para combatirla].

ANNA
Historia de Oriente Medio, de Kurdistan, de la mujer...Género e igualdad. Diplomacia. Filosofía de Abdullah Öcalan. ¿Por qué me miras así?

ASMIN
Bi taybetî ji bo hevalên enternasyonal neçin eniyê, çi ji destê me tê em dikin. Lê dema ku êrîşan li Efrînê dest pê kir, Anna her roj bangî min dikir.

[Especialmente con las voluntarias internacionales, hacemos lo posible por no enviarlas al frente. Pero cuando empezaron los ataques en Afrin, Anna me llamaba todos los días].

Anna
¿Por qué no me mandas a luchar?

Asmin
Hêlîn, li Afrîn ê tenê dêhêlin Kurd biborin, kurden bi çav û porê reş.

[Hêlîn, en Afrin solo nos dejan pasar a los kurdos. Somos morenos de ojos oscuros].

Anna
Me teñí el pelo de negro.
¿Mola?

Antígona
Estás rara.

Asmin
Plan ew bû ku we sê rojan bibin Efrînê û ji wir jî vegerînin Cezîrê. Ew şehîd in. Êdî Hêlîn nemir e.

[El plan era llevarla tres días a Afrin y de ahí de vuelta a Jazira. Ahora Hêlîn es inmortal].

Antígona
¿Por qué no me dijiste nada?

Anna
Está chica, Yalid, estaba cantando una canción...de su madre. Escuchamos el bombardeo y Arian gritó que nos refugiásemos. Hawin y yo encontramos un bloque de cemento.
Un bloque de esos que llevan agua.
No recuerdo nada más.
Tengo frío.

3. El libro de Öcalan

Anna
¿Dónde estamos?

Antígona
En casa.

Anna
¿Qué estamos haciendo?

Antígona
Vemos la tele.
Me gustaba acurrucarme contigo bajo la manta.

Anna
Me gustaba estar contigo. Pero esto es antes.

Antígona
Antes es ahora la medida de todas las cosas.

Se escucha la melodía de un programa documental infantil, "I Have a Little Garden".

Mamá nos solía poner estos documentales. Este es sobre las abejas.

Anna
Sí. Me acuerdo de las abejas.

Antígona
¡Mamá, ven, que empieza!

Llega su MAMÁ con un cuenco de palomitas. Las dos se sientan a su lado. Miran el documental mientras comen, juntas.

Antígona
Mamá está triste.

La mira. MAMÁ le devuelve la mirada y la besa. Sigue viendo el documental y comiendo palomitas.

Anna
No. No lo está.

Antígona
Sí.

Anna
No.

Antígona
Sí.

Anna
¿Por qué?

Antígona
Por papá.

Anna
¿Pues sabes qué?
Cuando sea mayor no me voy a casar.

Antígona
¿Y como vas a tener bebés?

Anna
No voy a tener bebés.

Antígona
Ah.

Mamá
¿Por qué no vas a tener bebés? Yo quiero ser abuela.

Anna
Pues no lo vas a ser.

Mamá
¿Y eso?

Anna
Estaré muy ocupada.

Mamá
¿Muy ocupada para tener bebés? ¿Haciendo qué?

Anna
Salvando a las abejas, mamá. Hay mucho trabajo.

Mamá
¡Qué mundo! ¿Y tú? ¿Me vas a hacer abuela?

Antígona
No lo sé.

MAMÁ las besa a ambas.

Mamá
¡Mis abejitas de miel!

Héctor
¿Cómo estás?

Antígona
No puedo estar aquí.

Héctor
¿Quieres que me quede fuera?

Antígona
No. Mi madre.

Héctor
No tienes que hablar de ello.

Mamá
¿Dónde has estado?

Antígona
Es el vacío que queda, mamá.

MAMÁ prepara la cesta de caperucita. Introduce margaritas, un hacha y un paquete de gominolas.

Mamá
Te he dejado un poco de tortilla en la cocina. Tu hermana no quiere. Ahora es vegana.

Antígona
A veces te hablo para llenar ese vacío.

Mamá
Pero dice que no, que no se es vegana, sino que practica el *veganismo*.

Antígona
Te pregunto cosas.

Mamá
Y que el *veganismo* es un acto de voluntad antisistema.

Antígona
Nos reímos.

Mamá
Que si soy consciente del impacto medioambiental que tiene comer carne.

Antígona
A veces discutimos.

Mamá
Además, dice que, en realidad, la carne que comemos es carroña. ¡Qué asco, hija, de verdad!

Antígona
Y poco a poco se va llenando de ti.

Mamá
Y que ya hay demasiado buitre por el mundo.

Antígona
Aprendo día a día, poco a poco, a amar ese vacío.

Mamá
Pero bueno, es solo una tortilla. Huevos, ya sabes.

Saca las gominolas.

Antígona
¿Y esto?

Mamá
Para el camino. Veganas.

Antígona
Gracias, mamá.

Anna
Ayer encontré una camada de perros.

Antígona
Ayer hice tu mayonesa. ¿Cómo te las apañas?

Anna
Estoy aprendiendo kurdo. Nave min Hêlîne. Hêlîn Qereçox.

Antígona
Hêlîn.

Anna
Significa nido, por mis trenzas enroscadas. Y Qereçox es una montaña de aquí. Soy un nido en las montañas del Kurdistán.

Silencio.

Compartimos todo. He plantado un huerto.

Antígona
¿Anna?

Anna
¿Qué?

Antígona
¿Estás preparada para utilizar tu Kalasnikov?

Anna
Ven.

ANTÍGONA y ANNA cruzan el río junto a ASMIN y al LOBO que rema. Se escucha "Morning Dew"[3].

3 Balada irlandesa con letra de James "Jamie" Charles Harold Janson (1975-2019), británico voluntario que se unió a las YPJ en mayo del 2017.

Asmin
Xweparastin ne tenê çek hilgirtin û li dijî dijminên şoreşê şerkirin e, xweparastin li dijî şêwaza kapîtalîst, li dijî reftara baviksalarî û otorîter a ku em hemî di hundur de digirin şer kirin. Ew bi komelî xwe perwerde dike û fêr dibe ku jiyanekê azad û wekhev pêşve bibe. Em dixwazin viya hemî bikin da ku piştgiriyê bidin jinûve avakirina jiyana li herêmê, bibin beşek ji civaka ku tê de dijî.

[La autodefensa no solo es coger un arma y luchar contra los enemigos de la revolución; la autodefensa es luchar contra el estilo de vida capitalista, contra el comportamiento patriarcal y autoritario que todos llevamos dentro, para preservar nuestra identidad. Es educarnos a nosotras mismas en colectividad y aprender a desarrollar una vida libre e igualitaria. Y todo esto queremos hacerlo para apoyar la reconstrucción de la vida en la región, siendo parte de la sociedad que vive en ella].

Antígona
Con cinco años se enfrentó a seis niños que torturaban a una pobre abeja. No le importó que fuesen más que ella. Le importaba una mierda que la insultasen. Con ocho hizo una huelga de silencio para que no se experimentase con lombrices en la clase de biología. Con 10 se ató al árbol que estaba levantando la calle y rompiendo tuberías. Con 14 la expulsaron una semana del colegio por pegarle a Duncan una patada en los huevos.

Viajan a lomos del LOBO.

Asmin
Ku êrîşên li dijî şoreş û civaka Rojava ne tenê fîzîkî ne. Tirkiye tiryakê dixe nav ciwanan. Kobanê pê ketiye. Mustafa Barzanî ambargoya ku li herêmê dibe sedema kêmasiyan

ferz dike da ku lobiya siyasî bike. Emperyalîzma Neolîberal a DY hewl dide ku bi hebûna xwe ya leşkerî awayê jiyana kapîtalîst bide nasandin, dema ku rejîma Beşar Al-Esed hewl dide ku bîrdoziyek feodal û paşverû bidomîne, nefreta di navbera komên etnîkî de kur dike. Em li ber hilweşînê di nav jiyanekê şer de ne.

[Los ataques contra la revolución y la sociedad de Rojava no son solo físicos. Turquía introduce drogas entre los jóvenes. Kobanê está infestado. Mustafá Barzani impone un embargo que lleva a la escasez en la región con el fin de presionar políticamente. El imperialismo neoliberal de EEUU trata de introducir el modo de vida capitalista a través de su presencia militar, mientras que el régimen de Bashar Al-Assad pretende mantener una ideología feudal y retrógrada, incitando el odio entre las etnias. Estamos en una lucha por la vida frente a la destrucción].

Se escucha un árbol caer. ANNA se pierde en la noche oscura.

ALBA ayuda a ANNA a hacer el equipaje antes de despedirse.

Alba
Anna, ¿tienes miedo?

Anna
El miedo es el recuerdo del dolor proyectado al futuro. Está en la mente.

Alba
¿No te detiene el peligro?

Anna
Escucha: nada es más peligroso que la verdad en un mundo que miente.

Saca las gominolas.

Alba
¿Y esto?

Anna
Para el camino.

Alba
¿Y otras opciones?

Anna
No hay opciones. No tienen elección. Secuestraron a una niña de once años. Regresó a pie tras dos semanas de cautiverio. Destrozada. Al mes, su familia descubrió que estaba embarazada y la asesinaron. Su padre y sus hermanos la lanzaron por un terraplén. La vergüenza quedó oculta en alguna cuneta. Y la ley protege a esos hombres.
No es un hecho aislado.
La revolución de Rojava tampoco. Es parte de la cultura de la resistencia de la humanidad y debemos sentirnos parte de ella, apoyarla y difundirla.
Solo si permanecemos unidas podremos lograrla.

Alba
¿Y si te pillan antes?

Anna
No es mi intención.

Alba
¿Estás bien?

Antígona
Siento que hay este agujero, este agujero enorme, monstruoso en el que me tropiezo una y otra vez.

Alba
Llévate esto.

Le entrega una planta del huerto que plantó ANNA.

Antígona
¿Y los perritos?

Alba
Estarán bien.

Antígona
Voy a volver.

Anna
¿Para qué?

Antígona
Te llaman heroína. Te llaman mártir.
Ayer conocí a una chica alemana que llevaba tu nombre.
Anna, ya eras una heroína.

Anna
¿Para qué has venido?

Antígona
Para enterrarte.

Anna
Esto no es una tragedia griega.

Antígona
¿No se te ocurrió pensar en el dolor que dejabas atrás?

4. El paquete de gominolas veganas

ANNA se encierra en su habitación. Truena.

Antígona
¡Anna!¡Anna, no me ignores!¡Anna, abre!

Anna
¡Déjame en paz!

Antígona
¡Anna!

ANNA pone música.

Anna, escucha. Mamá se iba a enterar de todas formas.

ANNA sube el volumen.

No puedes estar en la calle una semana. ¡Joder, Anna! ¡Me daba miedo que estuvieras todo el día en la calle! No puedes estar sola en la calle.

Se hace el silencio.

Vale. Gracias. Le di la carta a mamá porque me daba miedo que estuvieses todo el día en la calle. Esa chica, Clarisa. Había salido a correr. De día.

ANNA sale con los cascos puestos ignorando por completo a ANTÍGONA.

Joder, Anna.

ANNA intenta ignorarla, pero ANTÍGONA la mira sin rendirse. ANNA se quita los cascos.

Anna
¿Qué?

Antígona
No puedes ir por ahí pegando patadas en los huevos a la gente.

Anna
No voy por ahí pegando patadas en los huevos a la gente. ¡Eso es tan injusto!

Antígona
Como si no hubiese otra manera que no sea la tuya.

Anna
Eso no es verdad. A veces no hay otra opción. Es un abusón. Y nadie hacía nada para parar al pequeño cabrón.

Antígona
Mamá no tuvo opción. Tú tenías opciones. Elegimos ¡Había opciones! ¡La muerte no es una puta opción!

Anna
¡Yo quería vivir! ¿Te enteras? ¡Quería vivir!¡Fueron esos cabrones los que me asesinaron! ¡Yo no quería morir! ¡Quería vivir!
¿Qué has estado leyendo últimamente? ¡Deja de arrojarme esa psicomierda *freudiana* para intentar darle un sentido a mi muerte! ¡No tiene otro sentido salvo que el mundo está totalmente jodido y alguien tiene que luchar para detenerlo!

Antígona
¡No me grites! No tienes derecho a gritarme. No estás. Eres solo un sueño, un recuerdo, mi imaginación, química cerebral, sinapsis. Me has dejado sola con todo esto...con este caos. Y necesito... darle un sentido. Sí. Necesito un poco

de...que vuelva el orden...para...para organizar...un nuevo orden...que no puede ser antes, pero...pero solo...no puede ser ahora...porque ahora es...ahora es...una puta mierda...y es demasiado... para mí...sola...No estás aquí. No eres. Estoy sola y necesito darle un sentido.

ANNA se pone los cascos y se encierra en su habitación.

La imaginación no emana del vacío, sino de las células del lóbulo frontal de la corteza cerebral, donde se concentran los sentimientos, las sensaciones, los recuerdos de la infancia y las cualidades innatas artísticas e intelectuales.
Las cosas cobran un valor indescriptible. Un pijama de Barrio Sésamo, un libro de Öcalan y una bolsa de gominolas veganas. Bio.
¿Qué clase de guerrillera se lleva a luchar contra el Daesh una bolsa de gominolas?
Objetos que cobran vida sin tu presencia.
Pero las cosas no son tú.
Fuck you, Anna.

Truenos lejanos. Entra VINCENT. Comienza a pintar. ANTÍGONA se sobresalta.

Antígona
¿Quién eres? ¿Cómo has entrado?

VINCENT le hace un gesto para que no interrumpa su trabajo.

Vincent
No se mueva.

Antígona
¿Hec-? ¿Vincent?
WOW.

Vincent
No se mueva, por favor.

Antígona
Vale.
¿Puedo hablar?

Vincent
Si no se mueve, sí.

Antígona
¿Qué...qué tal la... que tal te va todo?

VINCENT pinta durante la conversación.

Vincent
Generalmente, bien.

Pausa.

¿Sabe que las estrellas no son amarillas?

Antígona
¿No?

Vincent
La tierra es predominantemente azul.
Estoy completamente preocupado con estas leyes de los colores.

Antígona
Ya veo.

Vincent
Es lamentable que ciertos colores resistentes como el cobalto sean tan caros.

Antígona
Tus cuadros...

Vincent
No me interesa.
Tras analizar la forma mezquina en que son pagados los pintores me pregunto, ¿qué hacer? ¿Cuál será su futuro? ¿Entregarse a trabajos subalternos o morirse de hambre? A excepción de algunos mártires, los otros se hacen profesores de esgrima, soldados o cómicos.
El éxito apoya los valores clasistas dominantes.
No me interesa.

Antígona
Los mártires.
¿Merece la pena?

Vincent
Cada segundo.
¿Puedo? No me queda mucho tiempo.

Se dispone a terminar el retrato.

Antígona
Sí.
¿Así?

Vincent
No se mueva.

Antígona
¿Por qué estás aquí?

Vincent
La pregunta es: ¿por qué está *usted* aquí? Todo depende de dónde quiera acabar.

Antígona
Busco a mi hermana. Estoy buscando el cuerpo de mi hermana.

Vincent
También buscaría a mi hermano. Yo también buscaría el cuerpo de mi hermano.

Antígona
Es de locos.

Vincent
De locos, sí. Pero, si tuviera certidumbre, ¿qué haría?
Haga pues como si la tuviera y no será confundida.

Termina y calienta su pipa.

Antígona
¿Puedo verlo?

Vincent
No se inquiete porque vea pinceladas más o menos gruesas de color. Esto no significa nada. Si se las deja un año, o menos, seis meses, se las raspa con la navaja y la pintura tiene un colorido mucho más consistente que si se hubiera extendido con suavidad.

VINCENT le muestra el cuadro.

Antígona
Pero esta no soy yo. Es Anna.

Vincent
Solo en los extremos. Es muy bueno para la conservación de los colores que las partes luminosas del cuadro estén sólidamente pintadas. Al cabo de un año el poco aceite que pueda

quedar en un color ha desaparecido, y entonces se obtiene una pasta buena y sólida. Espere un año.
Me interesan los héroes del día a día.

Suena una alarma.

Mis medicamentos.

Antígona
¡Espera!

VINCENT se aleja.

¿Quién te disparó?

ANTÍGONA se despierta con el timbre del teléfono.

Antígona
Mierda.
Hello?

Héctor
¿Te he despertado?

Antígona
Van Gogh estaba a punto de desvelarme el misterio de su muerte.

Héctor
¿Qué?

Antígona
Nada. Dime.

Héctor
He hablado con mi padre.

Antígona
¿Has hablado con tu padre?

Héctor
No van a hacer nada.

Antígona
¿Y qué esperabas?

Héctor
No van a mandar a la Cruz Roja.

Anna
No van a mandar a nadie.

Antígona
¿De verdad has llamado a tu padre?

Héctor
He quedado con él.

Antígona
¿Has quedado con tu padre?

Héctor
Me esperaba en su despacho.

Antígona
¿Has ido a su despacho?

Héctor
Me esperaba con una sonrisa extraña. Al principio creí que se alegraba de verme. Genuinamente. Pero al acercarme me di cuenta de que era una sonrisa triunfal. ¿Sabes que me dijo? "Al final mucho antisistema pero venís al sistema para que os solucione los problemas".

Antígona
Los problemas los causa el sistema. Llamamos amablemente a sus puertas para que se hagan cargo de sus actos.

Anna
¿Amablemente? Las tiramos abajo.

Héctor
Van a juzgarles.

Anna
¿A Jamie?

Antígona
¿Por qué?

Héctor
Van a decidir si eran terroristas.

Antígona y Anna
¡No me jodas!

Héctor
Necesitan justificar el bombardeo en Afrin.

Anna
¿En serio?

Anna
¡Qué hijos de puta!

Antígona
Anna era una voluntaria, no un soldado.
¿Eran terroristas las Brigadas Internacionales?

Héctor
Respira.

Antígona
La he localizado en un mapa.

Anna
Estoy aquí.

Héctor
Respira.

Antígona
Te puedo decir donde está su cuerpo en fucking *google maps*.

Anna
Estoy aquí.

Héctor
¿Qué vas a hacer?

Antígona
¡Qué ingenuo eres!

Mientras ANNA le viste con su kilt escocés.

Héctor
Soy ingenuo. Soy cobarde. Soy vago. Soy lento. Me cuesta. Me cuesta mucho hablar de lo que siento. No pude darte la noticia. A veces me miras como si fuese valiente, o fuerte, o rápido. Como si tuviese las respuestas que no tengo. Soy anarquista. Soy. O no. Bebo. A veces. Últimamente más. Cuando te conocí tardé cuatro días en darme cuenta, de verdad, en ser consciente, por dentro, de que eras una persona que quería en mi vida todo el tiempo posible. Pero sé que no eres mía. Soy impulsivo. Soy agresivo. A veces. En mi respuesta. En mis

reacciones. Con mis ideas. Lo siento. Nunca estuve a la altura de tu coraje, de tu fuerza. Eres mejor que yo. Sois mejores que yo. Soy torpe. Tal vez esto es amor. O tal vez solo soy un puto egoísta y esto del anarquismo solo es un mecanismo de defensa. Por miedo. Un refugio en el que soñar con la utopía lejos de casa. Pero en realidad sabemos, porque lo sabemos, que el mundo de ahí fuera está jodido. O a lo mejor, simplemente estamos equivocados. Enfermos. Locos. Mal. Y no hay lugar para nosotros en el mundo.
Anna me dijo una vez que me tomase las cosas con calma, porque, de todas maneras, las cosas están jodidas.

Anna
Tómate las cosas con calma.

Héctor
Me he propuesto tener una relación más saludable con el alcohol. No ayuda. Empieza a afectar a mis relaciones personales. Me daría vergüenza que Anna me estuviese viendo. Que vea que mi respuesta ante su muerte combatiendo con las YPJ es la evasión etílica. Y a ti tampoco te ayudo. Mi padre tiene razón, soy un canalla.
A tu lado soy mejor persona. Soy una... mejor versión de mí mismo. Me asombra ver cómo las personas pueden vivir tan tranquilas sin conocer el descanso de tus brazos. Debería hablar más de mis sentimientos. Pero cuando voy a hablar, a... a hablar de mí mismo, se me atragantan las palabras. Sé que nunca llegaré a alcanzarte, que... por mucho que lo intente sois... mejores que yo.
En realidad, yo no dije nada de esto. Al teléfono. Me quedé callado. No supe muy bien qué decir. Voy a empezar a escribir. Y a meditar. Quiero hacer un mural. "ANNA ES INMORTAL".

ANTÍGONA le entrega la planta.

Antígona
Toma.

Héctor
¿Qué es esto?

Antígona
Estoy embarazada.

5. InAnna

ANTÍGONA y ANNA en el cielo. MAMÁ y PAPÁ bailan en la tierra[4]*.*

Anna
¡Mira! ¡Mamá! ¡Papá!

ANNA ilumina las estrellas.

¡Y la luna!

ANTÍGONA sostiene una inmensa luna llena.

¡Más arriba!

Antígona
¡Pesa mucho!

Anna
¡Aguanta! ¡Están a punto!

4 *You Always Hurt the One You Love* (1944) de The Mills Brothers. Traducción sobretitulada.

Antígona
¿Qué hacen?

Anna
Papá lleva a mamá en brazos. Se besan.
¡Hacen el amor!

Ambas
¡Argggggg!

Anna
Papá se va a trabajar. Suena el teléfono. Mamá se derrumba. Mamá da a luz.

Nace Antígona. Bailan los tres.

Antígona
Discuten. Papá se va al trabajo. Se besan. Hacen el amor. Papá se va al trabajo. Mamá da a luz.

Nace Anna. Bailan los cuatro.

Discuten.

Anna
Se besan.

Antígona
Discuten. Papá hace las maletas.
¡Mamá y la luna!

MAMÁ desaparece en la noche oscura.

Ambas
Mamá.

Solas.

Antígona
¿Quieres ver las estrellas?

ANNA afirma.

La dama del cielo. Ahí.

Anna
¿Esa?

Antígona
Sí. En la antigüedad se pensaban que eran dos. La estrella del alba y el lucero de la tarde. Como está tan cerca del sol no se puede ver durante el día, pero adelanta al sol al amanecer y asciende por el este. Y justo cuando se pone por allí, por el oeste, la volvemos a ver. Parece que va y viene, pero en realidad siempre está ahí.

En la oscuridad y entre anarquistas.

Alba
¿Y el confederalismo democrático?

Héctor
Es un ideal inalcanzable en nuestra sociedad.

Alba
El pueblo salva al pueblo. Se necesita voluntad.

Héctor
Es imposible. Puede funcionar, más o menos, en comunidades pequeñas. En Rojava. Nosotros somos hijos de una sociedad capitalista, y para cambiarla, habría que hacerlo desde el Estado. Esto no lo veo posible. Y tú tampoco.

Alba
Te hablo de una democracia sin Estado. Todos los esfuerzos de los neoliberales por cambiar el Estado-Nación han carecido de éxito. El Estado no es la solución. No podemos encontrar la solución en el problema.

Héctor
Y tampoco podemos suprimirlo. Eliminarlo. Destruirlo. Es evolutivamente imposible desandar lo andado. En todo caso lo podríamos trascender. Pero...es tarde.

Alba
No estoy de acuerdo contigo.

Héctor
Ese es el problema. No la industrialización, ni la sobrepoblación o la falta de recursos. Somos incapaces de ponernos de acuerdo. Incapaces de dejar de lado nuestras miserables diferencias y hacer algo por evitar la mayor catástrofe de la humanidad.

Alba
De momento estamos aquí, haciendo esta función.

Héctor
Dentro del sistema. Cobrando la entrada.

Se escucha un árbol caer.

Alba
Contamos historias y vienen hasta aquí para escucharnos. Ejercemos nuestra responsabilidad.

Héctor
¿Qué responsabilidad?

Alba
La de pensar. Si no, ¿qué hacemos? ¿Qué estamos haciendo? ¿Para qué estamos aquí, ahora? Si de verdad estamos abocados al fracaso y solo hay negro y más negro al final del túnel, ¿qué estamos haciendo? Tú también sueñas, también luchas. También crees. Tienes esperanza. Ha sido la gente, el pueblo, el que ha levantado este proyecto. ¿Por qué? ¿Para qué?

Héctor
¿Pero es que aún no está claro que el arte no está en condiciones de enseñar nada a nadie, cuando durante cuatro mil años no se ha podido transformar en nada a la humanidad? Si fuéramos capaces de asumir las experiencias del arte, los ideales que en él se expresan, hace tiempo que, gracias a ellos, seríamos mejores. Es muy narcisista ese argumento tuyo.

Alba
Si alguien sale de aquí pensando que esto es un acto de narcisismo, que se lo haga ver y pronto.

Héctor
Somos unos privilegiados del primer mundo haciendo teatro para otros privilegiados que vienen a verlo en su tiempo libre. Te guste o no. Hacemos teatro para convencidos. ¿Qué mayor muestra de fracaso?

Alba
Mayor fracaso sería no hacerlo.

Oscuro. Aparece el firmamento.

Conmemoramos la lucha de nuestros antepasados y reivindicamos a aquellos que hoy la continúan. A quiénes pusieron nombre a las constelaciones, dándoles una identidad, una imagen. El hilo que teje las constelaciones es como el hilo que teje la narrativa. Imaginarse las constelaciones no cambia las estrellas ni el vacío oscuro que las acoge. Pero sí cambia la forma en que las personas leen la noche oscura de su alma. Hacemos magia porque están aquí. Porque escuchan nuestras historias.

Héctor
Y mientras tanto se destruye el planeta. Se queman nuestros bosques. Se talan árboles indiscriminadamente. Ahora. Y ahora. Acaban de caer cinco más. ¿Los oyes caer? Saldremos de aquí un poquito más henchidos con el sonido de los aplausos, alguna felicitación, o crítica constructiva. Se llama vanidad. Incapaces de frenar la máquina imparable de la avaricia en nombre de impostada libertad.
Sin bosques, no hay historias: no más lobos, no más caperucitas, no más musas, ni tú, ni yo. Nada. Cinco más.
Hemos perdido la libertad que procede de dominar el propio elemento. El pez domina el suyo, el pájaro el suyo, el animal terrestre el suyo. Thoreau dominaba todavía el bosque de Walden. ¿Dónde se encuentra ahora el bosque en el que el ser humano puede probar que es posible vivir en libertad fuera de las formas congeladas de la sociedad?[5]

Anna
Lo plantamos.

Héctor
Tarde.

Alba
¿Y qué haces aquí entonces?

5 *Nuestra necesidad de consuelo es insaciable* (Dagerman, S., 1997, p.15).

Héctor
Resistir. Aprieto mandíbula y resisto. Es lo único que me queda. Percibo ese límite donde empieza el peligro y me resisto como último gesto antes del gran impacto.

Se escucha otro árbol caer.

Anna
No podemos conseguir lo que queremos en cada momento, pero podemos perseguirlo. Podemos dar sentido a todo lo que nos sucede. Podemos nombrar las constelaciones.

Cada uno se come una gominola, vegana.

Anna
Hermana, canta algo.

ANTÍGONA canta.[6]

Los sucesos transcurren mientras suena la música. Los cuatro bailan ebrios de sueños. ANNA se pierde en el bosque junto a ALBA. ANTÍGONA y HÉCTOR se encuentran.

Entra CAPERUCITA ROJA buscando el camino hacia la casa de su abuelita. Un LOBO la distrae. Le practica una ablación y se aleja.

CAPERUCITA ensangrentada se cambia la ropa. Es una YPJ. Se escucha un gran trueno y, por fin, llueve.

Bajo la lluvia, unos lobos solitarios.

Antígona
No soy tuya.

---

6 *Hard Rain* (1963) del álbum *The Freewheelin* de Bob Dylan. Traducción sobretitulada.

Héctor
No eres mía.

Antígona
No eres mío.

Héctor
No soy tuyo.

Antígona
¿Te quieres quedar a dormir?

Héctor
Sí.

Amanece. Escampa. Entran las tres ABEJAS.

Antígona
¿Y tú quién eres?

Abeja 1
Un antófilo.

Antígona
¿Qué?

Abeja 1
Apis mellifera.
Una abeja.

Antígona
¿Y qué haces aquí?

Abeja 1
Hablar contigo.

Antígona
Veo que sois literales las abejas.

Abeja 1
Sí, o amarillo o negro. La situación medioambiental no está para ambigüedades.
Antígona
¿Qué quieres?

Abeja 1
Criar y buscar néctar en las flores.
Eso a grandes rasgos.
Después hay que rebajar la humedad del néctar, enriquecerlo con enzimas -que de paso modifican su pH-, almacenarlo en los panales, ventilar la colmena.

Antígona
Estos sueños me superan.

Abeja 1
Regurgitamos el néctar parcialmente digerido y nos lo pasamos boca a boca las unas a las otras.

Antígona
¿En serio?

Abeja 1
Mola.
Así hasta que alcanza un estado óptimo y la última abeja lo deposita en una celdilla de cera.

Antígona
¿Y eso es la miel? ¿Néctar regurgitado varias veces?

Abeja 1
No, no, no, no. De ninguna manera. Primero hay que deshidratarlo. Así. Mira.

Bate sus alas a gran velocidad.

Nos organizamos por comisiones según la edad. Aunque hay excepciones.

ABEJAS 2 y 3 bailan.

Abeja 1
Lo siento, me tengo que ir. Tenemos que batir las alas para aumentar la temperatura.

Antígona
Hace frío aún.

ANTÍGONA las ve marcharse.

Antígona
¿Mamá?
¿Mamá?

La ABEJA 2 es MAMÁ.

Mamá
¡Pero qué haces despierta!

Antígona
Estoy dormida mamá.

Mamá
Bien. Venga, túmbate. Deja que te tape.

Antígona
Tus manos. Echo de menos tus manos. Tus manos preciosas. No te vayas. Mamá, no sé si lo estoy haciendo bien. Quédate conmigo.

Mamá
Pero, ¿a dónde me voy a ir, mi abejita de miel?

Antígona
Tus palabras. La forma en que me miras. Como si no existiese el mundo. Te quiero tanto.

Mamá
Cierra lo ojos. Intenta dormirte. Descansa.

Tararean la nana "I Have a Little Garden".

Antígona
Mamá.

Se oye un árbol caer. ANTÍGONA se despierta sobresaltada. MAMÁ no está en la cama. HÉCTOR guarda silencio.

Antígona
Hola.

Besa a Héctor.

Sepo a rayos.
He tenido un sueño rarísimo. Hay un monstruo, creo... una presencia. No lo puedo ver. Pero sé que está ahí. He tenido un *dejà vu*.
¿Qué pasa?

HÉCTOR ha estado llorando.

¿Qué pasa?
¿Por qué no dices nada?
Say something!
¿Anna?

Al público.

Y aquí el texto dice: "¡Anna! ¡No! ¡Anna!". Y luego: "Héctor la sostiene con fuerza. No hay acotación posible para describir el desgarro".

Vuelve a intentarlo, pero se detiene.

Pero no quiero.
No quiero hacerlo.
Y tampoco quiero que termine esta función.
No quiero que termine esta escena.
Quiero la magia.
Quiero que Katia siga siendo Anna.
Quiero volver a la escena de las linternas una y otra vez.
A sostener la luna.
Y comer palomitas con mamá y con ella.
Y pelearme.
Quiero seguir siendo Antígona.
No quiero rendirme.
No quiero rendirme.
Pero se termina.
Se me escapa. Se muere. Se acaban las escenas.
Cada palabra muere en mi boca.
Aplaudiréis y os iréis a casa.
Y está bien.
Porque la vida sigue.
Pero antes de que salgáis por la puerta yo os pregunto: ¿qué clase de guerrillera se va a luchar con un pijama de Barrio Sésamo?
No hay nada en la tierra más asombroso que el ser humano.

Anna
¿Nos metemos?

Pausa. En el lago.

Antígona
Sí.

Anna
¡Pues vamos que se nos duermen!

Antígona
Trigo amarillo. Dorado. Se quitó la ropa. Las rodillas verdes de saltar y caer.

Anna
¡Vamos!

Antígona
Se tiró sin pensárselo dos veces. Le gustaba nadar desnuda.

Anna
¡Está buenísima!

Antígona
Tenía los labios morados.

Anna
¡Ven!

Antígona
Y las manos violetas de coger moras por el camino.

Anna
¡Cobarde!

Antígona
Destellos plateados. Estaba helada. Pero me metí. Para estar con ella.

Anna
¡Nada para entrar en calor!

Antígona
El sol lo teñía todo de rojo. Tu pelo parecía naranja.

Anna
¡Te echo una carrera hasta el otro lado!

Antígona
Tus ojos, verdes, azules, intensos. Vitales.

Anna y Antígona
¡Empate!

Antígona
Algo me tocó un pie y te reíste de mí.

Anna
Tengo hambre.

Antígona
Nos hacemos las muertas en el lago. De noche. Mirando las estrellas.

Pasa una estrella fugaz.

Anna
¿La has visto?

Antígona
¡Pide un deseo!

Anna
¿Qué has pedido?

Antígona
No se puede decir. Si no, no se cumple.

Anna
Yo he pedido pedir todos los deseos que quiera.

Antígona
Eso es trampa.

Anna
No, no lo es. Es jugar bien tu baza.

Antígona
Anna

Anna
¿Qué?

Antígona
¿Cómo es?

Anna
¿El qué?
¿La muerte?

Antígona
Sí.

Mientras ANTÍGONA entierra a ANNA. En el féretro introducen la capa de Caperucita, el hacha, una máscara de lobo y la planta.

Anna
Nah.
Chupao.
Esta sobrevalorada, en verdad.
No duele.
Haces las paces contigo.

Antígona
¿Cómo?

Anna
Las paces. Es solo que... con la distancia... se ve toda la humanidad, ¿sabes? No hay juicio. Todo cobra sentido.
El sufrimiento. Que hiciste lo que podías -lo mejor que podías-. Las decisiones valientes. Y las no tan valientes. Y las que pensábamos que eran valientes y solo eran pequeñas mentiras que nos contamos para evitar el dolor. Como hacer miel, ¿recuerdas? Sin mierda no hay abono.
El amor. Los caminos son múltiples, pero no hay atajos.
Todavía no he conocido a Vincent.

Antígona
Igual se ha reencarnado.
Te echo muchísimo de menos.

Anna
Lo sé.
Vas a estar bien. Siempre lo has estado.

Antígona
¿Y tu cuerpo?

Anna
¿Mi cuerpo? Deja la política. No merece la pena morir por ella.

Antígona
¿No?

Anna
Tu campo de batalla es el escenario, Antígona.
Nunca he sido muy buena en nada, pero tengo determinación. Dile que su loca tía Anna no quería morir. Quería cambiar el mundo. Dejarle un mundo mejor. Dile que quería vivir para verla crecer, leer libros, utilizar la caja de herramientas y sentarme al lado de su mamá a contar estrellas.

Antígona
¿Te volveré a ver?

Anna
En los extremos.

6. Después
(A los que luchan por los demás)

ANTÍGONA canta la nana "I Have a Little Garden".

Héctor
Hola.
¿Qué haces?

Antígona
Estoy.

Héctor
¿Te puedo acompañar?

Antígona
Claro.

Se sientan en silencio. Observan el firmamento.

Antígona
¿Ves esa estrella?

Héctor
¿Cuál?

Antígona
Mira. ¿Ves allí la Estrella Polar? ¿El carro y la Estrella Polar?

Héctor
Sí.

Antígona
Si la sigues hacia la izquierda, ¿ves esa estrella brillante?

Héctor
Sí.

Antígona
Sigue mi dedo. Ahí una punta de estrella, ahí otra, y otra... ¿Ves?

Héctor
Sí.

Antígona
¿Ves la estrella de ocho puntas?

Héctor
Sí.

Antígona
Es la estrella más sólida, el octograma.

Es Inanna. La diosa sumeria del amor y la guerra.

Se escucha un bebé por el walkie-talkie.

Antígona
Voy.

Héctor
¿Seguro?

Antígona
Sip. Me toca.

Se besan. Mutis Antígona. Héctor riega un joven árbol de haya.

Epílogo
Anna es inmortal.

La selva de Miranda

Comedia amazónica en tres actos basada en *La tempestad* de William Shakespeare

María Caudevilla

Dramatis Personae

Miranda Próspero, padre de Miranda.

Antonio, hermano de Próspero, usurpador del ducado de Milán.

Alonso, rey de Nápoles.

Sebastián, hermano de Alonso.

Fernando, hijo del rey de Nápoles.

Gonzalo, Consejero Real.

Calibán, tunche airado.

Ariel, espíritu amazónico.

Madre de Miranda.

Contramaestre y marineros de un gran navío.

Espíritus que habitan La Isla.

En La Isla

PRÓLOGO

El sueño de Miranda

Se escucha el mar. MIRANDA entra sigilosa atravesando el telón con un barco en sus manos. Se asegura de no ser vista por su padre, PRÓSPERO. CALIBÁN cruza rápido por detrás del telón, que sube lentamente. CALIBÁN lo atraviesa por debajo, encapuchado y MIRANDA se esconde detrás. Se abre el telón y forcejean por el barco. CALIBÁN sostiene a MIRANDA con fuerza. MIRANDA también agarra con fuerza a CALIBÁN. Ambos respiran agitados. Se acercan el uno al otro. CALIBÁN se detiene. MIRANDA le descubre el rostro. Despierta el deseo. Un sonoro trueno les detiene y CALIBÁN huye, preso de sus propias pasiones. Aparece FERNANDO, que pasea absorto en pensamientos tristes bajo su paraguas. De las alturas desciende la MADRE de Miranda. Ambos la miran. MIRANDA se acerca y la MADRE la acaricia.

FERNANDO
Miranda.

Por un segundo, sus miradas se cruzan. En ese momento, ambos continentes parecen unidos por la música.

ACTO PRIMERO

Escena I

VOCES
Miranda. Despierta. Despierta, Miranda.

Un trueno despierta a MIRANDA.

Miranda
¡Padre!

Observa espantada la siguiente escena: en el fragor de una tempestad, PRÓSPERO es el CAPITÁN de un gran navío que lucha por sobrevivir a una tormenta.

Próspero/Capitán
¡Aléjate, Miranda! ¡Contramaestre!

Contramaestre
¡Aquí, capitán! ¿Todo bien?

Próspero/Capitán
¡Llama a la tripulación, camarada! ¡Date prisa o nos hundimos! ¡Corre, corre!

Sale.

Próspero/Capitán
¡Vamos, Ariel! ¡Sacude tus aletas de Yakuruna y haz humildes a los hombres temerarios!

ARIEL obedece.

Miranda
¡No! ¡Haz que pare este fiero oleaje!
¡Calma las aguas, te lo ruego!
Parece que las nubes escupen fétida brea
y que el mar sube al cielo para extinguirla.

Entran los marineros.

Contramaestre
¡Ánimo, muchachos! ¡Vamos, coraje, muchachos! ¡Aprisa, aprisa! ¡Arriad la gavia!

PRÓSPERO toca el silbato y ARIEL aumenta el oleaje con sus soplidos.

¡Atención al silbato del capitán! ¡Vientos, en tanto tengamos mar abierta, soplad hasta reventar!

Entran ALONSO, ANTONIO y GONZALO.

Miranda
¡No puedo mirar!

Alonso
Con cuidado, Gonzalo. ¿Dónde está el capitán?

A los marineros.

¡Ahora sois hombres, zagales!

Contramaestre
¡Os lo ruego, bajad a los camarotes!

Miranda
¡Atiende a mis súplicas, padre: detén la marejada!

Antonio
Contramaestre, ¿dónde está el capitán?

SEBASTIÁN vomita.

Contramaestre
¿No le escucháis dando órdenes? Aquí estorbáis. Volved a los camarotes. Ayudáis a la tormenta.

Gonzalo
Cálmese, mi buen amigo.

Contramaestre
Me calmaré cuando el mar se calme.

Gonzalo
Amigo, recuerda a quien llevas a bordo.

Contramaestre
A nadie a quien quiera más que a mí.
Si podéis silenciar a los elementos y negociáis
la paz, dejaremos nosotros las cuerdas.
Imponed a ellos vuestra autoridad.

Gonzalo
¡Que la tenacidad de este hombre nos ampare!

Miranda
Socorre a estos hombres antes de que el agua se los trague.

Próspero
¡Quita, Miranda! ¡No te cuelgues de mi ropa!

Contramaestre
¡Calad el mástil! ¡Aprisa! ¡Más abajo, más abajo!
¡Silencio digo!

Lamentos de FERNANDO.

¡Malditos lamentos! ¡Se oyen más que a la tormenta!

Fernando
Un faro imperturbable es el amor
que contempla la tormenta sin llegar a estremecer.

Contramaestre
¿Otra vez? ¿Qué hacéis aquí? ¿Lo dejamos todo y nos ahogamos? ¿Queréis que nos hundamos?

Sebastián
¡Mala peste a tu lengua, perro gritón, blasfemo, desalmado!

Contramaestre
Entonces trabajad vos.

Marineros
¡Nos hundimos!¡Misericordia!¡Nos ahogamos!

Gonzalo
Seguro que él no se ahoga.

Marineros
¡Nos ahogamos! ¡Rezad, rezad!

Contramaestre
¿Cómo? ¿Ahogarnos en agua fría?

Gonzalo
¡El rey y el príncipe rezan! Vayamos con ellos: nuestra es su desventura.

Antonio
Estoy indignado.
Nuestra vida en manos de estos borrachos.
¡Maldito!¡A la horca con él!

Gonzalo
¡Antes se lo traga el mar!

Marineros
¡Misericordia!¡Adiós, hermana! ¡Adiós, familia!¡Adiós, hijos!

Gonzalo
Daría ciento veinticinco millas cuadradas de mar
por un solo acre de tierra árida:

una llanura vacía, mala hierba, lo que sea.
Hágase la voluntad de Dios, aunque yo preferiría morir seco.

Antonio
Hundámonos con el rey.
Vamos a decirle adiós.

Fernando
Lanzándose al abismo.
¡El infierno está vacío y aquí están los demonios!

Alonso
¡Mi hijo!¡Fernando!

Escena II

Miranda
Con el barco entre sus manos.
¡Ah, cómo he sufrido
con los que he visto sufrir!
¡Sus oraciones herían mi triste corazón!
Pobres hombres, perecieron.
Fuese yo la Yacumama
me habría tragado enterito el mar
antes de que se engullese ese galeón
con su carga de almas nobles.

Próspero
Serénate. Cese tu espanto, hija mía.
No ha habido mal alguno.

Miranda
¡Ah, infelicidad!

Próspero
No ha habido mal, te lo prometo.
Nunca haría nada que te hiciese sufrir.

Miranda
¡Espantosa visión me atormenta
que no alcanzo a entender!

Próspero
Ignoras los motivos y quién eres.
Desconoces mi origen, más allá de mi nombre,
Próspero, morador de esta isla
y humilde padre tuyo, criatura celestial.

Miranda
No sé más
ni nada más imaginé que hubiese.

Próspero
Hora es ya de que todo te lo cuente.
Sécate esos ojos; no sufras más.
Nadie se ahogó en el naufragio, créeme.
Vamos, es importante que te calmes
para que puedas escucharme.

Miranda
Cuando ibas a contarme quién soy yo,
te parabas así *(le imita)* y a mis preguntas
dejabas sin respuesta, con un: "Espera. Aún no".

Próspero
Pues llegó el momento. El instante te manda abrir oídos.

Miranda
Como el urcututo en la noche, señor.

PRÓSPERO utiliza sus saberes hipnóticos con MIRANDA quien, habituada, se dejar llevar por el recuerdo.

Próspero
Atiende y préstame atención. ¿Te acuerdas
de antes de que viviésemos en esta isla?
No tenías más de tres años.

Miranda
Sí, padre, me acuerdo.

Aparecen tres damas ataviadas y con abanicos.

Próspero
¿De qué? ¿De alguna otra casa o persona?
Dime cualquier imagen que conserve tu recuerdo.

Miranda
La veo muy lejana,
más como un sueño que como un recuerdo.
¿No tenía yo cuatro o cinco damas a mi servicio?

Próspero
Asombrado.
Sí, Miranda, y más.
¿Qué más ves
en el oscuro abismo del tiempo?
Si te acuerdas de antes de llegar a La Isla,
tal vez recuerdes el largo viaje hasta aquí.

Miranda
No me acuerdo.

Aparece una NIÑA muy pequeña. Es MIRANDA de niña. Se miran como en un espejo.

Próspero
Hace doce años, Miranda, hace doce años,
tu padre era el Duque de Milán,
y un poderoso príncipe.

Miranda
¿No eres mi padre?

También la MADRE forma parte del relato, ahora, embarazada de MIRANDA.

Próspero
Tu madre fue un modelo de virtud
y decía que tú eras mi hija; tu padre
era Duque de Milán, y su única heredera,
princesa no menos noble.

La MADRE de Miranda da a luz. PRÓSPERO sostiene a la bebé MIRANDA. La MADRE de Miranda sale de su cuerpo para transformarse en estrella. La misma estrella que guiará su camino en la barcaza.

Miranda
¡Cielos! ¿Princesa yo?
¿Qué desventura nos hizo salir de allá?
¿O fue una providencia el venir?

Próspero
Ambas cosas, hija.
Nos expulsó la desventura, como bien dices,
pero a venir nos ayudó la providencia.

Miranda
¡Ah, el alma se me parte al sentir
que te hago recordar aquel lejano dolor
que mi memoria no conserva!

Pero quiero saber más.

Aparece ANTONIO frente a PRÓSPERO mientras este narra lo ocurrido entonces.

Próspero
A mi hermano y tío tuyo, de nombre Antonio,
(y oirás cómo un hermano puede ser
tan infame); a él, a quien después de a vosotras
quería yo más en el mundo, confié
la gobernanza de mi Estado (el principal
por entonces de entre la nobleza).
Mientras que yo, Próspero, su gran duque –de elevada
reputación por su rango–, arrebatado por las ciencias ocultas,
me volví un extraño a mi nación.
Tu pérfido tío... ¿Me escuchas?

Miranda
Soy toda oídos.

Entra el resto del elenco empujando un baúl. Sacan de él su vestuario. Vemos el pacto de la traición entre ANTONIO, ALONSO y SEBASTIÁN.

Próspero
Préstame atención. Tras la muerte de tu madre,
quise hallar respuesta a los misterios de la vida,
aislado y arrobado en el cultivo de unas ciencias
desconocidas para las gentes de aquel continente.
Descuidé de este modo los asuntos mundanos
y mi ilimitada confianza alimentó la ambición
y los infieles intereses de mi hermano,
que se apoderó de mis rentas, de mi poder,
y, en fin, remplazó mi ducado con todo privilegio...
¡No me escuchas!

Miranda
Padre, tu relato curaría la sordera.

Próspero
Para convertirse él en el Duque de Milán,
creyéndome incapaz para el gobierno,
pues para mí no había mayor ducado
que mi biblioteca y la inmensidad del firmamento,
se alió con el rey de Nápoles y su hermano
Sebastián mediante el pago de tributos, homenajes,
la entrega de la corona y –¡no mires, muchacha!–
sometiendo el ducado, aún sin doblegar,
a la más innoble postración.

Miranda
¡Oh, cielos! ¡Vileza!

Próspero
Escucha ahora el pacto y sus consecuencias,
y dime si merece el título de hermano.
El rey de Nápoles, de nombre Alonso,
quien me guardaba una vieja enemistad,
aprovecha la ocasión y cede a la petición
de mi hermano; véase: a cambio de homenaje
y no sé cuánto tributo, nos arroje del ducado
a toda prisa, regalando la bella Milán
y la falsa reputación al gaitero de mi hermano, tu tío.
Así, con tropa desleal ya reclutada,
en la fatídica noche abrió Antonio
las puertas de Milán y, en la más negra tiniebla,
sus secuaces nos sacaron a los dos;
a ti, llorando.

Miranda
¡Cuánto dolor! No recuerdo
mis lágrimas de entonces, pero voy a llorar ahora.

¿Por qué no nos mataron?

Próspero
Buena pregunta, Miranda.

Entran tres hombres en la noche. Llevan a PRÓSPERO con la niña en brazos hasta el baúl, que ahora es una barcaza.

La gente tanto me estimaba
que no se atrevieron, y, en vez
de mancharse de sangre, falsearon
de bello color sus viles intenciones.
Sin demora, nos llevaron a un velero
y en él varias leguas mar adentro. Allí
nos aguardaba el casco podrido de una barcaza
sin cordeles ni velas ni mástil.
Hasta las ratas lo habían abandonado.
Y, sin piedad, nos arrojaron a llorarle al impredecible mar.

Miranda
¡Qué carga debí ser yo para ti!

Próspero
¡Mi niña divina! Ven.

MIRANDA sube a la barcaza y es se convierte en la niña que, junto a PRÓSPERO, viaja a la deriva en el oscuro océano.

Tú fuiste el querubín que me salvó.
Inspirada de divina fortaleza
sonreías mientras yo gemía
y lloraba al mar mis infortunios.
Me diste la fuerza que hasta hoy
me acompaña para afrontar cualquier desventura.

Miranda
¡Padre!

Tras un largo abrazo. La estrella da paso a la luz del sol. Escampa, el cielo se abre y aparecen en La Isla.

¿Y cómo llegamos a esta tierra?

Próspero
Señalando a la MADRE transformada en estrella.
Por divina voluntad.

Pausa.

Llevábamos algo de comida y agua dulce
que, por caridad, nos dio Gonzalo,
un noble napolitano a cargo del proyecto,
y también ricos trajes, ropa blanca,
telas y efectos varios que nos han
sido de inmensa ayuda durante estos años.
Conocedor de mi amor por mi biblioteca querida,
su bondad me surtió de volúmenes
que estimaba yo más que a mi propio ducado.

Miranda
¡Ojalá algún día vea a ese hombre!

Próspero
Llegamos a esta isla y aquí yo,
tu maestro, te he dado una enseñanza
que ni los príncipes gozan, Miranda.

Miranda
Qué la Yacumama te bendiga, padre.

Pausa.

Pero ¿por qué entonces desataste la tormenta?

Tras otra pausa similar.

Próspero
Por un extraño azar, la propicia Fortuna,
que acompaña a mi nombre, ha traído
hasta aquí a mis enemigos, Miranda.
Y por predicción astrológica favorable,
veo que, si no aprovecho su influencia,
mi suerte podría decaer.

Miranda
¿Entonces...?

Próspero
Cesen ya tus preguntas, niña. No hay tiempo que perder.

Le entrega una planta. MIRANDA la mastica y hace que se la traga.

Te duermes. Es benigna soñolencia.

Pausa.

Abandónate: no puedes evitarla.

MIRANDA pretende dormir. Cuando PRÓSPERO se gira, escupe el contenido de su boca.

Escena III

Próspero
¡Ariel! ¡Ariel!

MIRANDA lo ve todo y queda atenta al discurso. Entra ARIEL con maleta dispuesto a despedirse.

Ariel
¡Salud, mi digno señor, salud!
Tus deseos son órdenes, mi amo:
volar, nadar, bailar con el fuego,
cabalgar sobre las nubes...

Próspero
Espíritu, ¿están todos a salvo?

Ariel
Ni un pelo ha sufrido
ni hay mácula en su noble vestimenta,
más nueva que nunca.

Miranda
¡Ariel, bendito!

PRÓSPERO y ARIEL se giran y MIRANDA, como en sueños, disimula.

Los diminutivos que terminan en cualquier consonante llevan -ito, por ejemplo: bendito.

PRÓSPERO y ARIEL ven que duerme y continúan.

Ariel
Bajo tus órdenes,
los dispersé por grupos en La Isla.

Al hijo del rey.

Próspero
De nombre Fernando.

Miranda
¡Fernando!

MIRANDA disimula de nuevo.

Algunos gerundios son, por ejemplo, nadando, volando, soñando, Fernando...

PRÓSPERO y ARIEL continúan algo más alejados de MIRANDA que sigue atenta a la conversación.

Ariel
... le hice llegar a tierra,
donde quedó suspirando al aire,
así sentado, con los brazos en este triste nudo.
Los marineros duermen bajo mi hechizo.
El resto de la flota navega
por mar Mediterránea rumbo a Nápoles,
en duelo por el naufragio del rey
y de todos sus acompañantes.

Próspero
Esmerado trabajo, Ariel,
pero aún queda tarea. ¿Qué hora es?

Ariel
Al público.
¿Qué hora es?
Repite la hora que le digan.

Próspero
No hay un segundo que perder.

Ariel
¿Aún más labor?
Lo prometido es deuda, señor.

Próspero
¡Vaya! ¿Protestando?
¿Qué reclamas?

Ariel
Mi libertad.

Próspero
¿Antes de tiempo? Ya basta.

PRÓSPERO desata un trueno y MIRANDA asustada les congela.

Miranda
¡Ay, carajo!

Tras asegurarse de que verdaderamente no pueden moverse, MIRANDA repite el movimiento y todo continúa igual. A lo largo de la conversación se da cuenta de que no pueden verla. ARIEL se encuentra bastante desconcertado.

Ariel
Te lo suplico.
Prometiste descontarme un año entero.
No miento ni cometo errores,
y te sirvo diligente sin quejas o desgana.
Olvidas que mis servicios
han sido siempre impecables, señor.

Próspero
¿Y tú?
¿Olvidas de qué tormento te libré?

ARIEL no puede ver a MIRANDA, pero sí la escucha susurrarle al oído todas las respuestas.

Miranda
A Ariel.
No.

Ariel
No.

Próspero
¡Mientes, ser maligno! ¿Te olvidas acaso
de la inmunda bruja Sícorax?
¿Te olvidas tú de ella?

Miranda
A Ariel.
Responde. Di que no.

Ariel
Desconcertado.
No, señor.

Próspero
Pues sí. ¿Dónde nació? Habla, dilo.

Miranda
A Ariel.
¡En Argel!¡Dilo!

Ariel
En Argel. Dilo.

Próspero
¿Que diga qué? Una vez al mes
tengo que recordarte de dónde vienes,
pues lo olvidas.

Aparecen dos espíritus. Recreación de un teatrillo con los personajes del relato y un ícaro de fondo.

La maldita bruja Sícorax,
por muchas maldades y hechizos (indignos de oídos humanos),
fue, como ya deberías saber,
desterrada de Argel. Seguramente que por miedo
no la ejecutaron.
A esta bruja de ojos morados la trajeron,
ya preñada, hasta aquí los marineros.
En siervo suyo te convirtió y, como ser sensible
que eres, incapaz fuiste de cumplir sus órdenes soeces.
Al negarle obediencia, iracunda te encerró
en un árbol partido, en cuyo hueco
permaneciste prisionero durante doce
largos años de dolor. Sícorax murió
y te dejó allí, gimiendo noche y día.
Entonces, salvo el engendro que ella parió aquí,
ningún humano había honrado La Isla.

Miranda
Para sí.
¡Ah! ¡Calibán!

Ariel
Calibán.

Miranda
¡Calla! ¡No lo nombres!

Próspero
¡Torpe! ¿Quién si no? ¡Calibán!

Fin del teatrillo.

Ariel
¿Puedes verme?

A escondidas de su padre, MIRANDA le habla al oído.

Próspero
Recuerda el tormento que sufrías cuando te encontré.
Tus gemidos hacían aullar al Simpira y apiadarse
al pelejo furibundo. Fue mi magia,
cuando llegué y te oí, lo que abrió
aquel shihuahuaco y te liberó.

Ariel
Te lo agradezco, señor.

Próspero
Si vuelves a quejarte, parto un cachimbo
y te clavo en sus nudosas entrañas
para que pases aullando doce inviernos.

Ariel
Cumpliré gentilmente como espíritu.

Próspero
Si lo haces, en dos actos serás libre.

Miranda
¡Ariel, dichoso!

PRÓSPERO y ARIEL se giran y MIRANDA corre a su lugar de descanso para disimular por última vez.

Con ese se escriben los adjetivos que terminan en oso, por ejemplo, dichoso.

PRÓSPERO se acerca suspicaz a MIRANDA, pero ARIEL le detiene.

Ariel
¡Maravilla de maestro, hasta en sueños repasa la lección!
¿Qué quieres que haga?
Dilo. ¿Qué deseas?

Próspero
Hazte invisible a todos, menos a mí y a ti -obvio-.
Transfórmate en ninfa marina.

Ariel
¡Qué extravagancias!

Se transforma.

Próspero
¡Bella aparición! Primoroso Ariel, te hablo al oído.

Mientras le da órdenes MIRANDA lo observa todo en la distancia.

Ariel
Así lo haré, señor.

Escena IV

Próspero
Despierta, hija mía, despierta.

MIRANDA hace que despierta.

Has dormido bien. Despierta.

Miranda
Lo asombroso de tu historia me dio sueño.

Próspero
Sacúdetelo. Ven. Vamos a hacer visita al esclavo Calibán.

Miranda
Padre, es un ser despreciable al que no quiero ver.

Próspero
Sí, pero no pienso dejarle suelto. De paso
lava, tiñe, enmienda y nos hace
trabajos de provecho. ¡Eh, esclavo! ¡Calibán!
¡Responde, shunto de tierra!

Escuchamos el bramido de un jaguar.

Próspero
¡Vamos, sal ya! Tengo faena para ti.
¿Cuándo saldrás, rangacho?

Voz de Calibán
¡Ya tenéis la ropa limpia!

Próspero
¡Que salgas te ordeno, ponzoñoso esclavo,
engendro del Supay y de tu vil madre!

Entra CALIBÁN.

Calibán
¡Así caiga sobre ambos el vil rocío
que barría mi madre, con pluma de cuervo,
de la infecta ciénaga! ¡Así os sople un viento
del sur y os cubra de pústulas!

Próspero
Por decir eso, tendrás calambres esta noche
y punzadas que ahogan el aliento. Los duendes,
que obran en la noche, clavarán
púas en tu piel. Tendrás más aguijones
que un panal, cada uno más punzante
que los de las abejas.

Calibán
Esta isla me pertenece por mi madre Sícorax,
y tú me la quitaste. Cuando viniste,
me acariciabas y me tratabas bien,
me dabas agua con acai, me enseñabas
a nombrar al sol del día y la luna
de la noche. Entonces te quería
y te mostraba las riquezas de la selva,
las cataratas, los manantiales de agua caliente, lo yermo
y lo fértil.
¡Maldito yo por hacerlo! Los hechizos de Sícorax
te asedien: escarabajos, sapos walos, murciélagos bigotudos.
Yo soy el único súbdito que tienes,
yo, que un día fui mi propio rey; y tú me retienes
en esta dura roca y me niegas
el resto de la isla.

Próspero
¡Esclavo archiembustero, que solo respondes

al látigo y no a la bondad!
A pesar de tu inmundicia
te traté humanamente, incluso te alojé
en nuestra choza hasta que intentaste violar a mi hija.

Calibán
¡Ojalá hubiera podido!
Tú me lo impediste. Si no, habría poblado
de calibanes la isla.

PRÓSPERO se dispone a atacar con su magia a CALIBÁN. MIRANDA congela a PRÓSPERO. CALIBÁN se sorprende.

Miranda
A CALIBÁN.
¡Eres repulsivo!
Te resistes a la bondad y en cambio
te reafirmas en tu maldad.
Ambos huérfanos de madre,
eras lo más parecido a un hermano para mí.
Me esforcé en enseñarte a hablar y cada hora
algo nuevo aprendías. Cuando tú, salvaje,
no entendías nada y balbucías como un bruto,
yo te di palabras para expresar tus deseos.

Calibán
¡Sí!¡La Isla es mía!¡Solo a Miranda deseo!

Miranda
Pero, a pesar
de que aprendiste, tu enferma naturaleza repugna
toda nobleza.

Calibán
¡Acabaré con tu padre y su magia! ¡Y serás de Calibán!

Miranda
Por eso te encerró
merecidamente en esta roca,
a ti que mereces mucho más que una prisión.

Calibán
Me enseñaste a hablar, y así
aprendí a maldecir. ¡La chikungunya te lleve
por enseñarme tu lengua!

Miranda
Furiosa como nunca.
¡Ingrato! ¡No oirás nunca más una palabra de mi boca!

Graznidos azotan la escena y sacuden toda la magia, descongelando a PRÓSPERO.

Próspero
Vamos, Miranda.

Antes de salir, arranca a CALIBÁN el quipu que cubría su pecho.

Calibán
A MIRANDA.
No, te lo suplico.
Tu silencio duele más
que la magia impía de tu padre.

MIRANDA no le contesta y, tras una larga pausa sale.

Escena V

Música. Una bandada de pájaros cruza la escena. Entra FERNANDO, bajo su triste paraguas. Sigue las notas y la lluvia que le acompaña pronto deja paso a un rayito de sol que ilumina su rostro.

Fernando
¿De dónde sale esa música? ¿Del cielo
o de la tierra? Ha cesado. Sin duda es acto
de algún dios de esta selva. Caminando por esta orilla,
llorando el naufragio de mi padre, el rey,
las notas se me insinuaron desde las aguas,
serenando con esta dulce melodía
su furia y mi dolor. La he seguido desde allí,
o, más bien, me he dejado arrastrar por ella.
Mas cesó. No, vuelve a sonar.
La canción hace memoria a mi ahogado padre.
Esto no puede ser obra humana ni sonido
de la tierra. Ahora la escucho sobre mí.

Entran PRÓSPERO y MIRANDA junto a ARIEL y otro ESPÍRITU de la selva.

Próspero
Abre las cortinas de tus ojos
y dime qué ves ahí.

Miranda
Aparte.
¡Fernando!
¡Está resultando como lo soñé!
¿Qué digo? ¡Aún más hermoso!
¡El corazón se me escapa por la boca!
A ARIEL.

¡Ariel, mi padre te librará por esto! ¡Verás!
A su padre.
¿Qué es? ¿Un espíritu?
¡Ah, cómo mira alrededor! Créeme, padre:
tiene una hermosa figura. Pero espíritu es.

Próspero
No, mi niña: come y duerme, y sus sentidos son como los nuestros. Este joven naufragó en la tormenta y, si no estuviese descompuesto de dolor, ruina de todo lo bello, podríamos llamarle apuesto.
Ha perdido a sus seres queridos
y deambula extraviado en su busca.

Miranda
Yo le llamaría ser divino,
pues nada vi tan noble aquí, en la tierra.

Próspero
Aparte.
Está resultando como lo concebí.
A ARIEL.
Espíritu, gran espíritu,
en una hora te libraré por esto.

Miranda
Aparte.
Me acercaré a él.

Se acerca. FERNANDO se sobresalta al verla. MIRANDA intenta comunicarse y baila delante de FERNANDO. Un enjambre de mariposas despierta y revolotea a su alrededor. Todos bailan. FERNANDO no está seguro de si lo que ve es o no es alucinación.

Fernando

Aparte.
Sin duda, esta es la diosa por quien la música suena.
A MIRANDA.
Ten a bien decirme si en esta selva vives
y, si es así, enséñame cómo proceder
siendo extranjero aquí.
Y lo más importante, aunque lo haya dejado para el final:
¡Oh, maravilla de la naturaleza!
¿Eres muchacha o vienes de otro mundo?

Miranda
Maravilla, ninguna,
pero definitivamente sí, soy una muchacha.

Fernando
Aparte.
¡Mi idioma! ¡Cielos!
A MIRANDA.
Tengo todo un afortunado imperio al hablar este idioma. Si solo pudiésemos estar allí donde se habla.

Miranda
¿Cómo? ¿Un imperio?
¿Qué sería de ti si te oyera el rey de Nápoles?

Fernando
Lo mismo que ahora aquí parado
en asombro por escucharte mencionar al rey.
Él me escucha a mí,
y porque me escucha, lloro. Ahora el rey soy yo.
He visto con mis propios ojos, ahogados desde
entonces, la muerte de mi padre en el naufragio.

Miranda
¡Ah, qué dolor!

Fernando
Sí, es verdad. Y con él se fueron todos sus nobles; entre ellos, el Duque de Milán y mi valiente tío Sebastián.

Próspero
Aparte.
El Duque de Milán
y su todavía más valiente hija podrían desmentirte
si fuera el momento. Se han enamorado a
primera vista.

Fernando
Ah, si eres doncella,
y a nadie has dado aún tu corazón,
yo te haré reina de Nápoles.

Miranda
Y yo a ti, rey de mi selva,
si eres doncello
y tienes tu corazón también en su sitio.

Próspero
A ARIEL.
Delicado, Ariel,
te daré tu libertad por esto.

Ariel
Aparte.
Esta vez no es cosa mía. Pero
mejor dejar el cuento
tal y como se escribió.

Próspero
A FERNANDO.
Oídme, señor:

me temo que os habéis equivocado; oídme.

Miranda
Aparte.
¿Por qué se pone tan áspero mi padre?
Este es el tercer hombre que he visto
en mi vida y el primero por el que suspiro.

Próspero
Aparte.
Se han rendido el uno al otro, mas yo
frenaré su presteza, no sea que tan fácil ganar
frivolice lo ganado.
A FERNANDO.
Óyeme, te ordeno
que me escuches. Usurpas un nombre
que no es tuyo, y has venido a esta isla
como espía, para quitármela a mí,
que soy su dueño.

Fernando
¡No, por mi honor de hombre!

Miranda
A PRÓSPERO.
El mal no puede residir en tamaño templo.
Si el Tunche viviera en una casa tan hermosa,
las bondades lo expulsarían para habitarla.

Próspero
A FERNANDO.
Sígueme.
A MIRANDA.
No le defiendas. Es un traidor.
A FERNANDO.
Te voy a encadenar los pies y el cuello.

Beberás agua de mar; te alimentarás
de suris, raíces resecas
y cáscaras de café. ¡Sígueme!

Fernando
¡No! No soportaré este trato
mientras mi enemigo no tenga más poder.

Desenvaina.

Miranda
Querido padre,
no seas tan duro con él,
pues es noble, no un cobarde.

Próspero
¡Cómo! ¿Mi hija me instruye?
Envaina ya, traidor. Alardeas,
pero la culpa te impide atacar.
No sigas en guardia,
pues con mi magia puedo desarmarte
y hacer que caiga tu espada.

Un hechizo detiene y congela a FERNANDO.

Miranda
¡Padre, te lo imploro!

Próspero
¡Quita! ¡No te cuelgues de mi ropa!¡Qué manía la tuya, hija!

Miranda
Apiádate, padre. Yo respondo por sus buenas intenciones.

Próspero
¡Silencio! Si dices otra palabra,

te reñiré, y aun te odiaré. ¡Cómo!
¿Abogada de impostor? ¡Calla!
Crees que no existe nadie como él
porque solo a él y a Calibán has visto.
Niña ingenua, al lado de otros hombres,
él es un Calibán,
y ellos ángeles a su lado.

Miranda
Mis sentimientos son humildes.
No deseo ver a un hombre más hermoso que él.

Próspero
A FERNANDO.
Vamos, obedece.
Como en la infancia, tus músculos
carecen de vigor y fuerza.

FERNANDO sale del hechizo sin fuerza siquiera para sostener su espada.

Fernando
Es verdad.
Mi voluntad está encadenada como en un mal sueño.
La pérdida de mi padre, esta debilidad que siento,
el naufragio de mis amigos y las amenazas
de este hombre que ahora me somete no son una carga
mientras una vez al día, desde las ventanas de mi prisión,
pueda ver a esta muchacha. No necesito mayor libertad
que esta. En una cárcel así
tengo todo el espacio del mundo.

Próspero
A FERNANDO.
Sígueme.
A ARIEL.

Buen trabajo, mi gran Ariel.
A ARIEL.
Voy a darte otra misión.

Miranda
A FERNANDO.
No te inquietes. Mi padre es mucho mejor
de lo que ahora aparenta. Lo que le has visto
es insólito.
Aparte.
Como insólito es el dulce aroma que desprende.

Próspero
A ARIEL.
Serás libre como el viento de montaña
si mis órdenes cumples con esmero.

Ariel
A la letra.

Miranda
A ARIEL.
Mi padre ignora el peligro que le acecha.
Toma esto, buen espíritu.
Protégele y entonces tendrás tu ansiada libertad.

MIRANDA le entrega unas plantas. ARIEL comprende y se aleja.

Próspero
A FERNANDO.
¡Vamos, seguidme!
A MIRANDA.
Y tú, Miranda, no le defiendas.

FERNANDO tira de un carruaje improvisado por ARIEL.

Miranda
Aparte.
¡Ah! ¡Divina paciencia!
Sin perder de vista a FERNANDO.
¡Ay! ¡Qué hermoso es!

Mutis.

ACTO SEGUNDO

Escena I

Entran ALONSO, GONZALO, SEBASTIÁN y ANTONIO.

Gonzalo
A ALONSO.
Os lo suplico, Majestad, alegraos. Tenéis,
como nosotros, motivos para el gozo: salvarnos
compensa todo lo perdido. Nuestra desgracia
abunda: a diario, mujeres de marineros,
dueños de barcos, mercaderes
conviven con este dolor. Pero este milagro,
el de haber sobrevivido, muy pocos
entre millones lo cuentan. Por lo que, señor,
sopesad con sabiduría la pena con nuestro consuelo.

Alonso
Silencio, os lo ruego.

Sebastián
Aparte a ANTONIO.
El consuelo es para él un caldo helado.

Antonio
Aparte a SEBASTIÁN.
Pero el consejero no piensa en rendirse.

Sebastián
Aparte a ANTONIO.
Mirad cómo le da cuerda al reloj de su ingenio. Pronto sonará.

Gonzalo
Señor.

Sebastián
La una. Toma nota.

Gonzalo
Si a cada desgracia en el camino hospedamos,
al hospedero le cae...

Sebastián
Un buen caudal.

Gonzalo
Un buen caudal de desconsuelo. Mejor traído de lo que pretendíais.

Sebastián
Y vos lo interpretáis con mayor sabiduría de lo intencionado.

Gonzalo
A ALONSO.
Por eso, mi señor...

Antonio
¡Diantres! ¡Este no frena la lengua!

Alonso
A GONZALO.
Por favor, basta.

Gonzalo
Bueno, ya he terminado.
Pausa.
Aunque...

Sebastián
Aparte a ANTONIO.
Y vuelta la mula al trigo.

Gonzalo
En esta isla hay de todo para vivir.

Antonio
Cierto. Salvo medios de vida.

Sebastián
De eso hay poco o nada.

Gonzalo
¡Qué lozana y frondosa es esta selva! ¡Qué verde!

Antonio
Bueno, el suelo es más bien pardo.

Sebastián
Con un matiz verduzco.

Antonio
No se le escapa una.

Sebastián
No, tan solo el sentido de la realidad.

Gonzalo
Pero lo más raro, de lo que apenas doy crédito...

Sebastián
Cualidad de la rareza.

Gonzalo
... es que nuestras vestimentas, habiéndose empapado en el mar, conservan, a su pesar, su frescura y brillo. Más que bañadas en agua salada, parecen recién teñidas.

Siseo de serpiente. Pausa larga.

Gonzalo
Creo que nuestra ropa está tan nueva como cuando la estrenamos en África, en la boda de la bella hija del rey, Claribel, con el rey de Túnez.

Sebastián
Maravillosa boda, y nos iba muy bien en nuestro regreso.

Gonzalo
A ALONSO.
Señor, comentábamos que nuestra ropa parece tan nueva ahora como cuando estábamos en Túnez en la boda de vuestra hija, ahora reina.

Antonio
La más sublime que jamás llegó allí.

Gonzalo
Señor, ¿no está mi jubón tan nuevo como el día en que lo estrené? Bueno, es una manera de hablar.

Antonio
Manera que no le abandona.

Gonzalo
Cuando lo usé en la boda de vuestra hija.

Alonso
Me atiborráis en el oído palabras
que no tengo estómago para escuchar. ¡Ojalá
no hubiese casado a mi hija allá! Por eso
perdí a mi hijo y mucho me temo
que también a ella, que tan lejos de Italia vive
que nunca volveré a verla. ¡Ah, mi heredero
de Nápoles y Milán! ¿De qué extraño pez
has sido alimento?

Gonzalo
Señor, quizá esté vivo. Le vi golpear
las olas y cabalgar sobre sus lomos.
Se mantuvo a flote y rechazó cada embestida,
enfrentándose a las olas más fieras que le acechaban.
Mantuvo su audaz cabeza sobre el
combativo oleaje y, remó con sus brazos vigorosos,
hasta alcanzar la costa, que parecía inclinarse
ante él, cual si quisiese ayudarle. No albergo
dudas de que llegó vivo a tierra.

Alonso
No, no, nos ha dejado.

Sebastián
Bien puedes felicitarte por tamaña pérdida:
no favoreciste a nuestra Europa con tu hija
sino que la desperdiciaste en un africano.
Desterrada de tus ojos,
ahora tienen buen motivo para llorarla.

Alonso
Calla, te lo suplico.

Sebastián
Todos nos postramos ante ti, rogando
que desistieras, y hasta el alma cándida
dudaba entre rebelarse u obedecer.
Hemos perdido a tu hijo, me temo que
para siempre. Este negocio
ha creado más viudas en Milán y Nápoles
que supervivientes quedan para su consuelo.
Tuya es toda la culpa.

Alonso
Y también es mía la mayor pérdida.

Antonio
A ALONSO.
Calma, mi señor.

Gonzalo
Mi señor Sebastián, si bien es
cierto lo que decís, también lo es
que os falta delicadeza
y oportunidad.

Antonio
Hurgáis en la herida.

Gonzalo
Cuando más bien debierais vendarla.

Sebastián
Muy bien.

Ulular de búhos. Pausa larga.

Gonzalo
A ALONSO.

Señor, vuestra sombra
solo nos trae mal tiempo a todos.

Sebastián
¿Mal tiempo?

Antonio
Malísimo.

Gonzalo
Señor, si yo hubiese plantado esta isla...

Antonio
La sembraría de ortigas.

Sebastián
O criaría malvas.

Gonzalo
... y fuese de aquí el rey, ¿qué haría?

Sebastián
No emborracharse a falta de vino.

Gonzalo
En mi comunidad lo haría todo al revés
de lo normal. Acabaría con todo. Pues no habría
ni comercio ni jueces ni estudios;
ni riqueza, pobreza o criados. Nada de eso.
Ni contratos, herencias, vallados, cultivos o viñedos;
ni metal, maíz, vino o aceite;
tampoco ocupaciones. Los hombres, ociosos todos.
También las mujeres, más inocentes y puras.
Sin soberanía.

Sebastián
Pero sería el rey.

Antonio
Al final la comunidad se olvida de sus principios.

Gonzalo
La naturaleza produciría lo necesario
para todos sin sudor ni esfuerzo. Traición,
felonía, espada, pica, puñal o motores
no tendría. La naturaleza
entregaría sus frutos, su abundancia,
para alimentar a mi inocente pueblo.

Sebastián
¿Sus súbditos no se casarían?

Antonio
No, colega. Todos ociosos. Putas y truhanes.

Gonzalo
Señor, gobernaría con tamaña perfección,
que a la Edad de Oro excedería.

Sebastián
¡Dios salve a Su Majestad!

Antonio
¡Larga vida a Gonzalo!

Gonzalo
A ALONSO.
Y... ¿Me escucháis, señor?

Alonso
Os lo ruego, basta. Lo que decís no significa nada para mí.

Gonzalo
No os falta razón, Majestad. Lo hacía para dar ocasión a estos señores, cuyos pulmones son tan activos y sensibles que siempre se ríen por nada.

Antonio
Nos reíamos de vos.

Gonzalo
Que en esta especie de risueñas bobadas no soy nada a vuestro lado.
Así que continuad riéndoos por nada.

Antonio
¡Buen lanzamiento!

Sebastián
Una pena que caiga en saco roto.

Gonzalo
Sois hombres osados. Sacaríais a la luna de su órbita si en ella estuviese cinco semanas sin cambiar.

Sebastián
Exacto, y con su luz cazaríamos pájaros nocturnos.

Antonio
A GONZALO.
Mi buen señor, no os enfadéis.

Sonido de ARIEL.

Gonzalo
No, os lo garantizo. No arriesgaré mi prudencia por tan poco. ¿Queréis dormirme de risa? Pues tengo un sopor...

Antonio
Dormid, y oídnos.

Se duerme.

Alonso
¿Cómo? ¿Durmiendo tan pronto? Ojalá
el cerrar mis ojos cegase con ellos mis pensamientos.
De hecho, se inclinan a hacerlo.

Sebastián
No desestime la oportunidad, señor.
Rara vez el sueño acude al dolor.
Y cuando lo hace, consuela.

Antonio
Nosotros dos, mi señor, haremos guardia
mientras descansáis, y velaremos
por vuestra seguridad.

Alonso
Gracias. Asombrosa somnolencia.

Se duerme ALONSO.

Sebastián
¡Qué sopor tan extraño los domina!

Antonio
Algo vinculado al clima de este lugar.

Sebastián
¿Y por qué no se hunden nuestros párpados?
No tengo ganas de dormir.

Antonio
Ni yo. Me siento más despierto que nunca.
Ellos han caído de a una, como por consenso,
de golpe, como tumbados por un rayo. ¿Qué pasaría,
noble Sebastián, qué pasaría si...? Mas basta...
Sin embargo, me parece ver en vuestro rostro
lo que podríais ser. La ocasión os llama
y mi ávida imaginación ve una corona
descendiendo sobre vuestra cabeza.

Sebastián
¿Cómo? ¿Qué decís? ¿Estáis despierto?

Antonio
¿No me oís hablar?

Sebastián
Sí, en el lenguaje de los sueños,
y dormido. ¿Qué decíais?
Extraño reposo; dormido
con los ojos abiertos, de pie, hablando, andando
y, sin embargo, profundamente dormido.

Antonio
Noble Sebastián, dejáis dormir
vuestra suerte -morir más bien-
estando bien despierto.

Sebastián
Peculiar es vuestro roncar.
Hablan vuestros ronquidos.

Antonio
Estoy más serio que de costumbre,
y vos, si me escucháis, deberías estarlo.
triplicaría vuestra condición.

Sebastián
Soy un remanso.

Antonio
Os enseñaré a fluir.

Sebastián
Os lo ruego. Mi pereza hereditaria me lleva a refluir.

Antonio
Ah, si supierais cómo el propósito os abriga
mientras os burláis de él. Cuánto más lo despreciáis
más se aprecia vuestro interés. Los que refluyen
acaban rozando las profundidades por
su temor o pereza.

Sebastián
Os lo ruego, proseguid. Esos ojos y esa cara
anuncian un asunto, nada fácil
de alumbrar.

Antonio
Ahí va:
aunque este caballero
de frágil retentiva -de quien se guardará
similar recuerdo cuando esté bajo tierra-
casi ha persuadido al rey
de que su hijo vive,
tan imposible es que no se haya ahogado
como que este durmiente esté nadando.

Sebastián
No tengo esperanza de que no se haya ahogado.

Antonio
¡Ah! De no tenerla nace

vuestra más alta esperanza.
¿Estáis conmigo
en que Fernando se ha ahogado?

Sebastián
Está muerto.

Antonio
Entonces, decidme. ¿Quién heredará Nápoles?

Sebastián
Claribel, su hermana, hija del rey Alonso;
Alonso es el rey, mi hermano, que ahora duerme...

Antonio
Claribel, ahora reina de Túnez, que vive a
más de una vida de distancia; que de Nápoles
no recibirá noticias –a menos que el correo sea el sol–
hasta que un recién nacido
tenga barba que afeitarse; por quien el mar
nos tragó, aunque algunos naufragamos,
y por cuyo destino actuamos en esta pieza
en la que el pasado puede ser el prólogo
del porvenir que tú y yo forjemos.

Sebastián
¿Qué es esto? ¿Qué decís?
Es cierto, la hija de mi hermano es reina de Túnez,
también es la heredera de Nápoles, y entre ambas
regiones media gran distancia.

Antonio
Distancia de la que cada palmo
parece gritar: «¿Podrá Claribel recorrernos
de vuelta a Nápoles? Que siga en Túnez
y despierte Sebastián». Supón que fuese la muerte

lo que a estos ha vencido. No estarían
peor de lo que ahora están. Sé de quién regiría Nápoles
tan bien como el que duerme, nobles
que hablan tan amplia y tan superficialmente
como este Gonzalo. Podría enseñar a un cuervo
a discurrir con tanto seso. ¡Ay, si pensaseis
como yo! ¡Qué tamaña oportunidad
en su dormir veríais! ¿Me entiendes?

Sebastián
Eso creo.

Antonio
¿Y cómo respondéis
a vuestra posibilidad de buena fortuna?

Sebastián
Recuerdo que suplantasteis
a vuestro hermano Próspero.

Antonio
Cierto.
Y ved qué bien
me sienta mi indumentaria,
mejor que la de antes.
Los criados de mi hermano
eran entonces mis camaradas; ahora son mis súbditos.

Sebastián
Pero, ¿qué hay de vuestra conciencia?

Antonio
Con... What?
Sí, ¿dónde queda? Si fuese un sabañón,
me calzaría. Pero mi pecho
no siente a esa diosa. Hubiese veinte conciencias

entre Milán y un servidor,
las exprimiría
antes de que fuesen un estorbo.
Aquí yace vuestro hermano. No valdría más que la tierra
sobre la que duerme si estuviese como parece, muerto;
a quien yo, con este acero, a tres palmos,
le haría dormir para siempre; mientras vos,
haciendo lo propio, os encargaríais de este vejestorio,
Don Prudencio, para asegurarnos
de no ser reprendidos en nuestra conducta.

Sebastián
Sois mi modelo, buen amigo.
Tal y como os hicisteis con Milán,
yo me haré con Nápoles. Desenvainad. Un golpe
os librará del tributo que pagáis
y yo, rey, os querré bien.

Antonio
Desenvainemos juntos.
Y cuando yo alce mi mano, hacedlo vos contra Gonzalo.

Graznidos que despiertan a ALONSO y a GONZALO.

Gonzalo
¡Los ángeles guardan al rey!

Alonso
¿Qué es esto? ¡Alertas! ¿Por qué habéis
desenvainado? ¿A qué esta mirada siniestra?

Gonzalo
¿Qué ocurre?

Sebastián
Estábamos velando vuestro sueño

cuando oímos un rugido ensordecedor
como de toros, o más bien de leones.
¿No fue eso lo que os despertó? A mí me ha dejado sordo.

Alonso
Yo no sentí nada.

Antonio
¡El fragor habría asustado a un monstruo o causado un terremoto! Seguro que fue toda una manada de leones.

Alonso
¿Lo habéis oído, Gonzalo?

Gonzalo
Por mi honor, señor, que oí un zumbido.
Y además muy extraño, que me despertó.
y grité. Cuando abrí los ojos,
espada en mano los vi. Que hubo un ruido,
es cierto. Más nos vale estar en guardia
o salir de este lugar.

Alonso
Tomad el frente, y sigamos buscando
a mi pobre hijo.

Gonzalo
Seguro que está en la isla.
¡El cielo le proteja de estas fieras!

Alonso
Abrid camino.

Salen.

Escena II

CALIBÁN bajo tierra. Le cae una pila de ropa de las alturas. Comienza su labor de limpieza cuando se encuentra con una tela de MIRANDA.

Calibán

Cuando, en desgracia, ante la fortuna y los ojos de los hombres,
abandonado a mi soledad lloro mi estado de paria,
mortifico al sordo cielo con mis vanos clamores,
me contemplo a mi mismo y maldigo mi destino,
anhelo ser alguien lleno de esperanza,
alguien hermoso, alguien con muchos amigos.
Deseo el talento de unos, el rango de otros,
lo que suelo disfrutar apenas me consuela.
Aún cuando en estos pensamientos me desprecio,
felizmente pienso en ti, y entonces, mi espíritu
–como la alondra al romper el día alza su vuelo
desde la tierra sombría– canta himnos a las puertas del cielo;
pues evocar tu dulce amor me trae tal riqueza
que no cambiaría mi lugar en el mundo con el de la realeza.

MIRANDA cruza la escena con un gran libro.

Calibán

Confundes dignidad con orgullo, Miranda, y me castigas con tu silencio.
Ignoras que no hay herida mayor que tu desprecio,
que quemaría toda esta ropa por ti,
que fundiría esta selva por ti,
que hace un año que ardo por ti.
Escúchame, no huyas de mí.
Te lo suplico, Miranda.
Nada tienes que temer.

Pues esto que ves no son más que mis escombros.
Ten piedad de quien no nació con estrella y concede a este miserable tu clemencia con solo escuchar
lo que tengo que decir antes de verte marchar.

MIRANDA reacciona y le mira.

¿Te sorprendes acaso?
¿Pues no jugamos de niños a fabricar barcas aladas
para salir de esta isla juntos?
¿No soñamos con otros mundos sin barreras
lejos de la mirada inquisitoria de Próspero?
¿No aprendimos a descifrar sus anotaciones
en los márgenes de los libros
para poder aparecer y desaparecer a nuestro antojo?
¿Crees que no sé lo que te propones?
¿Crees que no sé lo que te propones?

Gran trueno. CALIBÁN se retuerce de dolor.

¡Que sobre Próspero caigan las plagas
que el sol absorbe de ciénagas, pantanos y llanuras
hasta infectarle lentamente! Que me oigan sus espíritus:
si no fuese por sus órdenes
no me pellizcaríais
ni me atemorizaríais con vuestras atroces formas
ni me empujaríais al barro
ni tiznados me haríais perderme en la noche con vuestros fuegos fatuos.
A la mínima me los echa encima;
a veces son monos que me chillan, se burlan de mí
y después me muerden; otras, puercoespines
enrollados que se encrespan
a mi paso descalzo; también me hieren víboras
que se me enroscan y que con su lengua hendida
me silban hasta volverme loco.

¡Yo, Calibán, te maldigo, Próspero!

Otro trueno. La fuerza de su dolor acaba por romper todas sus ataduras. Huye.

Cruza ARIEL con dos grandes cuerdas enroscadas en su cuerpo. Gira para salir del capullo y transformarse en mariposa que gira y gira.

Voz en off de Miranda
Ariel.

Silencio.

Ariel. Si me escuchas, presta atención.
¿Amas a mi padre?

Ariel
Tanto como a mi libertad.

Voz en off de Miranda
Pues no te separes de Calibán.
Temo que los impíos castigos de mi padre
acaben por mudar su sometimiento en venganza.
Pues si es la mente lo que hace al hombre libre,
en él, atormentado por su desgracia, es siempre peligrosa.

Ariel
Solo libres podemos decidir
y hay elecciones que no tienen enmienda.
Por voluntad, sigo tus consignas, Miranda,
pues Ariel esclavo es de su corazón.

Escena III

Entra FERNANDO cargado con el baúl. Se dispone a tender la pila de ropa. De vez en cuando, tiene que parar para coger aire.

Fernando
Hay tareas dolorosas, pero a mayor esfuerzo
mayor el deleite que proporcionan.
Sobrellevamos algunas bajezas
por dignidad, y muchas penurias
acaban en grandes riquezas. Mi mezquina labor
sería insufrible y odiosa
si no fuese por la dama a quién sirvo
que da vida a lo inerte y transforma toda faena en placer.
Ah, ella es diez veces más gentil que su padre,
hosco y duro, que aquí me somete dolorosamente.
Mi dulce ama llora al verme trabajar
y dice que no soy digno de esta servidumbre.

FERNANDO se queda pasmado con una prenda de MIRANDA.

Me distraigo;
estos dulces pensamientos me reaniman
y más activo aún estoy en mi distracción.

Aparece MIRANDA, que se escondía de su padre en el baúl de ropa.

Miranda
¡Por favor te lo pido, no trabajes tanto!
¡Que el rayo queme todo ese montón de harapos!
Mi padre está concentrado en sus estudios.
Estamos a salvo de él durante toda la escena.

Fernando
Querida mía, se pondrá el sol
antes de que cumpla con mi tarea.

Miranda
Siéntate y, mientras, yo la cargaré.
Por favor, dame eso; yo lo llevaré al montón.

Fernando
No, preciosa criatura. Antes me rompería
las fibras y me partiría la espalda
que vaguear sentado y verte a ti en tamaña deshonra.

Miranda
Tan propio sería de mí como de ti
y yo lo haría con más facilidad,
porque es mi deseo hacerlo, y el tuyo, pues no.
Pausa.
Estás cansado.

Fernando
No, mi noble amada: llega la aurora
en la noche cuando estás a mi lado. Por favor, dime,
para poder nombrarte en mis rezos.
¿Cómo te llamas?

Pausa.

Miranda
Miranda.

Fernando
¡Admirable Miranda,
cumbre de toda admiración, de valor
inestimable para el mundo! He observado
a muchas mujeres con atención, y muchas veces

la armonía de sus voces ha cautivado
a mis ávidos oídos. Por virtudes diversas
me han gustado diversas mujeres; pero a ninguna diversa
conocí en que no viese algún defecto
que a sus más nobles encantos
dejase vencidos. Pero tú, ¡oh, tú!,
tan perfecta y sinigual, fuiste creada
de lo mejor de cada una.

Miranda
No conozco a nadie de mi sexo,
ni recuerdo rostro de mujer, salvo el mío
en el reflejo. Tampoco he visto a nadie
a quien pueda llamar hombre, mas que a ti, buen amigo,
y a mi querido padre, claro. Ignoro el aspecto de la gente
de otras tierras, mas, por mi pureza,
joya de mi dote, no deseo en el mundo
más compañero que a ti; y no puedo
imaginar a nadie que me pueda gustar más que tú.
Pero hablo demasiado...

Fernando
Soy príncipe de condición, Miranda,
tal vez rey (a mi pesar), y no consentiría
esta servidumbre obrera más que dejaría
a una mosca entrar en mi boca. Te hablo
desde el alma: desde el instante en que te vi, mi corazón
voló a tu servicio, y ahí permanece
siervo tuyo. Por ti soy un paciente lavandero.

Miranda
¿Me quieres?

Fernando
¡Cielo! ¡Tierra! Sed testigos de mis palabras
y bendecidlas con buena estrella

si lo que digo es verdad. Si no soy sincero,
cambiad mi suerte en desventura:
más allá de los límites del mundo
yo te amo, te estimo y te venero.

Miranda
Soy tonta
llorando por lo que me alegra.

Fernando
¿Por qué lloras?

Miranda
Por mi insignificancia, no me atrevo
a ofrecer lo que te deseo dar, y mucho menos a aceptar
lo que me muero por tener. Pero es inútil:
cuanto más lo oculto, más se ve el bulto.
Así que basta de pudor,
¡que me guíe la franca y santa inocencia!
Seré tu mujer, si te casas conmigo.
Si no, moriré tu doncella.
A que sea tu esposa puedes negarte,
lo quieras o no, tuya soy y seré.

Fernando
Mi dueña, amada,
y yo ahora y siempre besaré el suelo por donde pisas.

Miranda
¿Entonces, serás mi esposo?

Fernando
Sí, con un corazón tan ávido
como el esclavo de su libertad. Toma mi mano.

Miranda
Y la mía, y en ella el corazón. Y ahora,
adiós y hasta la próxima escena.

Sale.

Fernando
¡Mil adioses, mil!

Mientras recoge la ropa seca y sale.

Tan dulce pena es la despedida
que diré adiós hasta el nuevo día.
Adios. Adios. Adieu. ¡Fairwell!¡Ciao! ¡Arrivederci!

Escena IV

Entran ANTONIO, SEBASTIÁN, GONZALO y ALONSO cruzando un puente de sogas. Chillidos de monos que cortan las cuerdas del puente. Los cuatro caen al vacío.

Gonzalo
A ALONSO.
¡Válgame! No puedo seguir, señor; me duelen
mis viejos huesos. ¡Atravesamos un laberinto
de sendas rectas y recovecos! Sendas rectas y recovecos.
Si no os inoportuna,
necesito un descanso.

Alonso
Anciano, no puedo culparos,
pues también a mí me vence la fatiga
hasta embotarme los sentidos.

Descansad. Desde ahora abandono toda
esperanza.
Se ahogó aquel por quien nos extraviamos,
y el mar se mofa de nuestra frustrada búsqueda en tierra.
Dejémosle ir.

Antonio
Aparte a SEBASTÍAN.
Me alegro de que esté sin esperanzas.
Por fallar en un primer intento,
no desistas de nuestro pacto.

Sebastián
Aparte a ANTONIO.
En la próxima oportunidad,
sin el menor recato.

Antonio
Aparte a SEBASTÍAN.
Que sea esta noche.
Estarán agotados y no podrán
mantener la vigilancia.

Sebastián
Aparte a ANTONIO.
Esta noche será. No se hable más.

Música.

Alonso
¿Qué es esa melodía? Amigos míos, escuchad.

Gonzalo
¡Qué dulce música!

Imágenes de un tiempo feliz aparecen frente a ellos para recordarles la noble naturaleza de su pasado, cuando amaron y fueron amados.

ALONSO
¡Cielos, que tus ángeles nos custodien! ¿Qué ha sido eso?

SEBASTIÁN
¡Títeres vivientes! Ahora creeré también
en unicornios.

ANTONIO
Yo me creeré ambas cosas también.
Y si a lo demás no dan crédito, que vengan a mí
y juraré que es verdad. Los viajeros
nunca mienten, aunque de regreso los necios los condenen.

GONZALO
Si en Nápoles esto relatase, ¿quién me creería?
Si contase que vi a estos isleños
-pues sin duda de esta isla son-
que, a pesar de su extraña forma,
han sido más amables
que muchos humanos,
por no decir, que casi todos.

ALONSO
Esas figuras, con luces, sombras y sonidos,
sin usar palabras, nos transmitieron tanto con tan poco.

GONZALO
Se esfumaron misteriosamente.

Música.

Sebastián
No importa, pues nos dejaron
sus viandas, y tenemos apetito.
¿Queréis probar lo que hay aquí?

Alonso
Yo no.

GONZALO se adelanta a comer el primero. Todos le observan. Larga pausa. GONZALO bromea y se hace el envenenado.

Gonzalo
Señor, no hay nada que temer.

Alonso
Me arriesgaré y comeré, aunque sea
mi último banquete. ¡Qué importa!
Todo lo bueno de mi vida ya quedó atrás.
Hermano, mi señor duque,
comed también.

Comen. Durante el festín, los demonios de su conciencia les transforman y atormentan. Entra ARIEL en forma de arpía.

Ariel
Sois tres pecadores, Alonso, Sebastián, Antonio,
a los que el destino,
instrumento de este mundo y de cuanto en él habita,
ha resuelto que el insaciable mar os arroje a esta isla
sin hombres, a vosotros, indignos de vivir entre los hombres.
Os he enloquecido, y los hombres sin valor
y enajenados acaban por ahogarse y ahorcarse.

Desenvainan ALONSO, SEBASTIÁN Y ANTONIO.

¡Necios! Mis compañeros y yo somos
agentes del destino. Invulnerables
a vuestro acero como los son los elementos.
No tenéis fuerza para levantar
vuestros aceros, ¡he dicho!
Caen sus armas.

Y ahora recordad este mi mensaje: los tres
expulsasteis de Milán al buen Próspero
y le arrojasteis al mar, que ya le recompensó,
junto a su inocente hija. Por esta infamia,
los dioses -que aplazan, pero no olvidan-
han enardecido los mares y las costas, y a todas
sus criaturas, contra vuestra paz. A ti, Alonso,
te han despojado de tu hijo,
y ahora yo te presagio el constante acecho
de una lenta perdición, peor que cualquier muerte.
Si queréis protegeros de la ira divina,
que en esta isla desolada cae sobre vosotros,
solo os queda sufrir la pena de vuestros corazones
y vivir, de ahora en adelante, con toda honestidad.

ARIEL desaparece con un trueno.

Gonzalo
En nombre de todo lo sagrado, señor,
¿por qué os quedáis tan pasmado?

Alonso
¡Oh, es horrible, horrible! Creí
que las olas hablaban y me lo decían,
que el viento me lo cantaba y que el trueno,
cual órgano grave y tremendo, pronunciaba
el nombre de Próspero. Retronaba mi delito,
causa de que ahora mi hijo se encuentre
en el lecho del océano.

Le buscaré más allá de toda áncora
y junto a él yaceré en el fango.

Sale.

Sebastián
Si vienen de uno en uno los demonios,
lucharé contra toda su legión.

Antonio
Y yo os secundaré.

Salen.

Gonzalo
Aparte.
Los tres están alterados.

Próspero
Su inmensa culpa,
como veneno retardado,
comienza a remorderles.

Escena V

Entra FERNANDO empujando el baúl. ARIEL y un espíritu le acompañan.

Próspero
Si he sido demasiado estricto en mi castigo,
tu recompensa lo resarcirá.
Prueba de tu amor ha sido superar
cada penuria impuesta. Ante el cielo te entrego
mi más preciado regalo,

pues te doy a mi hija, un tercio de mi vida
y la razón de mi existencia. La pongo en tus manos.

PRÓSPERO hace entrega oficial de MIRANDA. MIRANDA aparece dentro del baúl ornamentada con vestido y flores.
¡Ah, Fernando! No sonrías si la enaltezco,
pues verás que excede toda posible alabanza.

Fernando
Lo creería, aunque un oráculo lo negase.

Próspero
Entonces, cual ofrenda
honradamente ganada, toma a mi hija.

Miranda
A FERNANDO.
Estaba convencida de que te había ganado yo a ti.

Fernando
A MIRANDA.
No te quepa la menor duda, mi dueña y señora.

Próspero
Mas si rompes su nudo virginal...

Miranda
Aparte.
Preferiría cien años de sequía a este bochorno.

Próspero
... antes de celebrar las sagradas ceremonias
según el santo rito,
los cielos no bendecirán vuestra unión:

Miranda
Aparte.
Ahí viene el chaparrón.

Próspero
El estéril odio,
la amarga indiferencia y la discordia infectarán
vuestro lecho de tan malas hierbas
que ambos lo repudiaréis. Así que ten mucho cuidado
y que la luz de Himeneo os ilumine.

Miranda
A FERNANDO.
Por los cielos que te precipitaron hasta mí
-y que, por tanto, están de nuestra parte-
di algo.
¡Algo!

Fernando
Como anticipo días tranquilos, una hermosa descendencia y
una larga vida de este amor que siento,
ni la mayor oportunidad ni la tentación más fuerte,
permitirán que mis peores instintos
muden mi honor en lujuria.
Esto solo me despojaría del gozo
del día de dicha celebración, cuando mi emoción
será tal, que creeré que el sol se ha detenido en el cielo
o que la noche yace encadenada.

Próspero
Bien dicho. Entonces,
Sentaos...
Se sienta al lado de MIRANDA y se miran.
... y habla con ella. Tuya es.

PRÓSPERO les observa. Silencio incómodo.

¡Ariel! ¡Ariel, siervo laborioso!

Ariel
Aquí estoy. ¿Qué desea mi poderoso amo?

Próspero
Tus hermanos menores y tú cumplisteis
el papel de arpías a la perfección.
Tenías una gracia arrebatadora.
Nada has omitido de cuanto te pedí que dijeras.
Mis conjuros han obrado y mis enemigos están todos
en la red de su extravío y bajo mi poder.
Ahora os necesito en artificio semejante...

Ariel
Antes de que digas «ven» y «vete»,
y respires dos veces y grites «así, así»,
de puntillas, con sus gestos y danza,
todos acudirán.

Pausa.

Me quieres, amo, ¿verdad?

Próspero
Con toda el alma, gentil Ariel.
No vengas hasta que te llame.

Ariel
No lo haré.

Sale.

Próspero
Sé honesto. No te dejes llevar
por pensamientos impuros.

El más solemne juramento es brizna
para el fuego de las pasiones.
Disciplina, Fernando.
Si no, adiós a tu promesa.

Fernando
Os aseguro que la fría
nieve virginal que hay en mi corazón
entibia el ardor que hay en... otras partes de mi... ser.

Próspero
Bien.

PRÓSPERO les ofrece las plantas sagradas y se las toman.

Ven ya, Ariel.

ENTRAN los espíritus. Las plantas hacen su efecto. FERNANDO viaja más allá del tiempo y del espacio. Se ve a sí mismo cuadriplicado en un laberinto de espejos. Las imágenes se suceden como en un caleidoscopio.

Fernando
Una visión majestuosa del más armonioso hechizo.
¿Debo pensar que estoy ante espíritus?

Próspero
Espíritus que bajo mis artes saqué de su morada
para representar mi fantasía.

Fernando
Dejadme vivir aquí para siempre.
Un chamán como padre y tanta sabiduría y belleza juntas
hacen de este lugar un paraíso.

La armonía anterior se oscurece.

Próspero
Silencio.
Algo no está bien.
Aparte.
¡Calibán!
Me olvidaba de la vil conspiración
que contra mi vida acecha.
Ya casi es la hora de su intriga.

Fernando
¡Qué extraño! Alguna emoción perturba
el ánimo de Próspero.

Miranda
Nunca le había visto tan alterado y descompuesto.
He de detener a Calibán.

Ariel
Puedo percibir su sufrimiento.
He de ayudar sin demora a mi amo y señor.

Próspero
Ariel, detén la magia. ¡Se acabó!
El espectáculo llegó a su fin. Los actores,
como dije, eran espíritus
que ya se han volatilizado
en lo sutil y lo etéreo.
Al igual que esta fantasía sin cimientos
-las torres que se alzan hasta las nubes,
los majestuosos palacios, los templos solemnes,
el inconmensurable mundo
y cuantos en él habitamos- todo se disolverá.
Y del mismo modo que se ha esfumado esta efímera ilusión,
no quedará ni el menor rastro. Somos de la misma
materia de la que están hechos los sueños
y nuestra insignificante vida

está circundada por el sueño. Estoy turbado.
Que no te intranquilice mi debilidad. Si lo deseas,
retírate a mi cabaña y descansa.
Necesito pasear para calmar mi agitación mental.

Fernando
Te deseamos paz.

Sale PRÓSPERO.

Próspero
Entre bastidores.
Un tunche, un tunche airado, cuya naturaleza
no admite cuidados y en quien todos los sacrificios
humanamente posibles son en balde.
Le voy a atormentar hasta que aúlle.

FERNANDO va a ir tras él y MIRANDA le detiene.

Miranda
¡Fernando!

Fernando
¿Sí, mi amor?

Miranda
Prueba esta otra plántula plateada.
En las noches de luna llena es dulce, fresca y anisada.
Pero cuidado, pues si es menguante, se torna ácida y urticante.

Fernando
Curioso vegetal tan cambiante como las pasiones.

Lo mastica.

Extraño amargor... ¡Ajá! ¿Se debe pues a la luna creciente?

Cae dormido sobre el baúl.

Miranda

Me temo que no, mi bello durmiente.
Espero que algún día puedas perdonarme.

Un espíritu asistente se lleva a FERNANDO.

Es por dicha disposición del alma que debo ausentarme
y actuar con la mayor diligencia. Pues me temo que
si no llego a tiempo la vida de Próspero, mi padre,
sin el cual nada de lo que ahora sueñas sería posible,
corre grave peligro. Pero, basta, Miranda
-o debiera decir pequeña Próspera-
empiezas a hablar demasiado en esta representación.

¡Ariel, mi Ariel!

ARIEL aparece.

Ya casi termina la función. No hay tiempo que perder.
Por mi culpa, Calibán está enfurecido y sospecho lo peor.

Ariel

En efecto, se encontró con dos náufragos
arrojados hasta aquí por la tempestad
que le dieron de beber algún brebaje inmundo
acabando por inflamarle los sentidos
de tal manera que ahora no distingue
el agua cristalina de la hedionda poza.
A pesar de su embriaguez, los tres,
tan envalentonados que amenazaban al aire
por soplarles en la cara y a la tierra
por besarles los pies, no cesaron en su objetivo, Miranda
-ese que tanto temes tú como temo yo-
así que les embrujé el oído con mi música

hasta la fétida charca detrás de vuestra cueva,
y ahí se quedaron bailando con el agua hasta el mentón.

Miranda
¿Eso es todo?

Ariel
Les envío espíritus con forma de perros
para molerles los huesos y arrancarles la piel.
Sufrieron fuertes convulsiones,
la contracción de sus músculos
y lentos espasmos que cortan la respiración.
Les ha dejado más manchas que a un leopardo.

Miranda
Escucha: tienes que ayudarme.
Rocía a esos hombres con estas sustancias
capaces de seducir a la misma Titania
con un asno. Y toma estas otras, son para mi medio hermano.
En la proporción adecuada, disiparán todas sus tinieblas,
dejando entrar la luminosidad que este año de encierro,
ha acabado por extinguir.

Le entrega las sustancias.

Ariel
Pero Próspero...

Ambos desaparecen volando. Entra PRÓSPERO. ARIEL y él se miran y se acercan el uno al otro lentamente, como en una ensoñación.

Voz en off de Miranda
Y esto será lo último que te pida, espíritu de la selva,
porque sé que dueño eres de tu albedrío

y que todo lo que te encadena a mi padre es más grande,
aunque menos visible,
que cualquier magia de hechicero.
Por la misma razón -eso esencial invisible
a los ojos- solo a ti te escuchará:
No permitas que todo su dolor pasado
le ahogue de por vida en su tormento presente.
No dudes, Ariel, ¡y vuela!
¡Vuela como si no hubiese un mañana!

ACTO TERCERO

Escena I

ARIEL y PRÓSPERO bailan un vals en lo alto de una nube. Mientras observan el mundo desde arriba.

Próspero
Mi plan ya se acerca a su fin.
Mi magia no hierra, mis espíritus cumplen
y el tiempo avanza según lo previsto. ¿Cuánto nos queda?

Ariel
Es el último acto, señor, momento en que dijiste
que cesaría nuestra labor.

Próspero
Eso dije cuando desaté la tempestad.
Dime, espíritu, ¿cómo están el rey y su séquito?

Ariel
Agrupados según tus órdenes, todos prisioneros
entre los renacos que resguardan tu cabaña.
No pueden moverse hasta que tú los liberes.

El rey, su hermano, y el tuyo, los tres
alienados; y el otro, el que llamabas «el buen anciano Gonzalo»
les llora desconsolado de pena y desaliento:
por su barba corren lágrimas cual lluvia de invierno
bajo un tejado de paja. Tu magia les ha afectado
de tal manera que, si los vieras, te movería a la compasión.

Próspero
¿Eso crees, espíritu?

Ariel
Eso sentiría si fuese humano.

Próspero
Si a ti, que estás hecho de puro aire, su dolor
te ha movido a la compasión;
a mí, uno de su especie, que puedo sentir
su mismo profundo sufrimiento,
¿no va a moverme más que a ti?

Larga pausa.

Aunque sus agravios me hirieron profundamente,
a mi furia se enfrenta mi humano discernimiento.
La nobleza está en la virtud,
no en la venganza. Si están arrepentidos
de sus acciones, no responderé con más ira.
Mi buen y leal Gonzalo recompensaré
todo lo que has hecho por nosotros con palabras y acciones.
Alonso, nos usaste a mi y a mi hija con crueldad,
al amparo de tu hermano Sebastián,
quien ahora paga con su remordimiento.
Antonio, hermano, te dejaste llevar por tu ambición
alejándote de toda bondad y compasión;
y juntos, Sebastián y tú, hubieseis asesinado al rey.
Te perdono a pesar de tu extravío.

Desharé el hechizo, restituiré sus sentidos
y volverán a ser ellos mismos.
Pero, ayúdame, pues de otro modo no me reconocerán:
quítame esta capa y me mostraré
como el Duque de Milán que antaño fui.

ARIEL le ayuda.

Libéralos, Ariel.
Pronto serás libre tú también.

Pausa.

Te echaré de menos.

Se miran. Mutis.

Escena II

CALIBÁN yace en el fango, herido, febril y descompuesto. Entra MIRANDA. Se le acerca sin miedo, cura todas sus heridas y le limpia.

Calibán
Solo a una mujer en mi vida conocí antes que a ti:
bruja cruel de la que no advertí caricia alguna
ni canto nocturno ni mirada eterna;
que me engendró en contra de su voluntad,
víctima a su vez de la violencia del deseo desmedido
(lo sé porque muchas veces me lo recordó,
mostrándome así, con su dedo índice,
un costurón serpenteante que cruzaba
de extremo a extremo su oscuro vientre)
Y en mí solo vio una carga, un lastre al que amamantar,
motivo de su destierro a esta isla.

Sícorax, a quien no llamaré madre por no merecerlo, murió.
Libre fui de su hostil presencia, más en un niño huérfano me convertí.
Próspero llegó y me dio la vida por segunda vez, bien lo sabes
pero la piedad de quien como un padre me trató
truncada fue por mi apetito.
Una apetencia que llevo grabada en mis venas
porque soy fruto de lo obsceno, del vicio y de la lujuria.
Nada bueno podía haber en mí, viniendo de donde vengo.

MIRANDA le devuelve su quipu.

Sin embargo, tus ojos vieron un mapa de recreo en las cicatrices de mis heridas;
mis rugidos en tus oídos dibujaron en ti la ternura de quien no teme a una fiera herida.
Tus manos se atrevieron a hacer trenzas
de mi maraña, encaramada sobre mis hombros.
Miranda, hermana.
¿Puedes recordar cómo te enseñé a trepar tan alto
que pudiste ver las estrellas?
El sufrimiento de mi existencia cobró sentido a tu lado
y todo el dolor se esfumó entre tus rizos color del sol
y tus luceros, color de luna.
De tu afecto, a cantar a los guacamayos
y a bailar entre los renacos aprendí.
De tus virtudes, a mirar al cielo sin rencor,
a nadar despreocupado entre delfines rosados,
a dominar mis impulsos voraces,
a no pisar a las hormigas; en fin, a ser hermano tuyo
y de tu selva.
Sí, tu selva.
Pues han llegado hombres, náufragos, de todas partes
hasta aquí.
Y no ha habido uno solo que poseedor y dueño
no se proclamase de la tierra que le salvó.

Tampoco yo pude doblegarme al espejismo de mis pasiones.
Mas solo ahora, y solo, sé que si a alguien
perteneció alguna vez esta isla fue a ti, Miranda.

CALIBÁN le entrega su barca.

Pues Miranda selva es.
Libre, mágica, salvaje e indómita es la selva de Miranda.

Escena III

Entra ARIEL. Su asistente arrastra sobre el baúl a FERNANDO, que permanece dormido. ARIEL prepara un tablero de ajedrez. MIRANDA se coloca en frente y sacude con su magia el sueño de FERNANDO.

Miranda
Te toca, mi amor.

Fernando
Esta dama me tiene desconcertado.
No recuerdo haber movido ficha
y, sin embargo, esa reina me obliga
a cabalgar hasta sus brazos.

Miranda
Mi señor, me haces trampa.

Fernando
No, mi amor, no lo haría ni por el mundo entero.

Miranda
Sí, por veinte reinos,
mas yo lo llamaría *quid pro quo.*

Se abre una cortina.

ALONSO
Si se trata de otra ilusión de esta isla,
a mi hijo querido perderé dos veces.

FERNANDO se arrodilla ante su padre.

FERNANDO
Aunque los mares amenazan, son clementes.
Los maldije sin motivo.

ALONSO
Levántate ¡Sean contigo todas las bendiciones
de un padre feliz! Dime,
¿cómo has llegado hasta aquí?

MIRANDA
¡Oh, maravilla!
¡Mira cuánta gente hermosa!
¡Qué bella es la humanidad! ¡Oh, valiente nuevo mundo
que cobijas a semejantes personas!

ALONSO
¿Quién es la muchacha con la que jugabas?
No hará ni hora y media que la conoces.
¿Es la diosa que nos ha separado y ahora nos reúne?

FERNANDO
Señor, es mortal,
pero, por voluntad divina, nos unimos.
La elegí cuando no podía pedirle consejo
a mi padre, porque no creía tenerlo.
Es la hija de este príncipe, el Duque de Milán,
de quien, por su fama, tanto sabía,
pero nunca había visto.

PRÓSPERO y ANTONIO se abrazan.
De él quién he recibido
una segunda vida. Ahora esta dama
le convierte en mi segundo padre.

Alonso
A MIRANDA.
Y yo soy el tuyo, entonces. ¡Qué impropio empezar
nuestra relación pidiendo perdón a mi hija!

Próspero
Basta, señor.
No carguemos más nuestro recuerdo
con un dolor que ya no existe entre nosotros.

Gonzalo
No había hablado hasta ahora
porque estaba haciendo de Próspero.
Mirad aquí arriba, dioses,
y coronad de dicha a esta pareja,
pues habéis sido vosotros
quienes trazasteis el camino
que nos ha traído hasta aquí.

Sebastián
Así sea, Gonzalo.

Gonzalo
En un solo viaje, Claribel halló marido en Túnez;
Fernando, su hermano, el amor donde estaba extraviado;
Próspero, su ducado en esta mágica isla;
y todos nos encontramos a nosotros mismos
cuando ya nos habíamos dado por perdidos.

Alonso
Dadme las manos.

¡Que la pena se instale en el corazón
de quien no os desee otra cosa que la mayor felicidad!

Entra el CONTRAMAESTRE.

Gonzalo
¡Ah, mirad, señor, mirad! ¡El contramaestre!
Profeticé que este hombre no se ahogaría.

Al CONTRAMAESTRE.

¿Qué noticias traéis?

Contramaestre
La mejor es hallar a salvo
al rey y a su séquito. La siguiente que nuestra nave,
que hace hora y media creíamos hecha pedazos,
está entera, a punto, y tan dispuesta
como cuando zarpamos.

Alonso
Estos sucesos no son de este mundo.
Todo es cada vez más prodigioso.
Dime, ¿cómo has llegado hasta aquí?

Mientras el CONTRAMAESTRE relata lo sucedido, los actores lo representan.

Contramaestre
Señor, si creyera estar bien despierto,
intentaría contároslo. Dormíamos como muertos bajo cubierta
–y no sabemos cómo– cuando nos zarandean extraños
rugidos, alaridos, aullidos, traqueteo
de cadenas, tan espantosos sonidos que nos despertaron.
Fue entonces cuando vimos que nuestro valiente navío
estaba intacto,

y el capitán empezó a dar cabriolas de alegría.
Un instante después, como por arte de magia,
me separaron de los demás y me trajeron hasta aquí aturdido.

ALONSO
¿Quién ha visto jamás semejante laberinto?
Algún oráculo nos dará la explicación que a nuestra
insignificante naturaleza se le escapa.

PRÓSPERO
Majestad, no turbéis
vuestra mente insistiendo en lo extraño
de este asunto. En el momento preciso,
que será pronto, os explicaré a solas
y con fundamento, todo lo acaecido.
Mientras, despreocupaos y disfrutad.

Mientras celebran y bailan.

De mañana, os llevaré a vuestro navío, y después,
a Nápoles, donde espero asistir
a la celebración de la unión de nuestros amados hijos;
os prometo una mar en calma, vientos favorables
y tan presta travesía que alcanzaremos a la flota real.
De allí, con vuestro permiso, me retiraré a Milán,
a meditar acerca de este último acto de mi vida.

PRÓSPERO le entrega su maleta a ARIEL.

Ven, espíritu.

Silencio.

Eres libre.

ARIEL no coge su maleta. Silencio. Larga pausa.

¿No te vas?

Ariel
A público.
Una vez libres, tendremos que preguntarnos quiénes somos
y qué haremos de nuestro breve paso por este mundo.

EPÍLOGO

El elenco, poco a poco, se desprende de su vestuario que acaba dentro del baúl, ya listo para la siguiente representación. MIRANDA sostiene el navío, preparado para zarpar.

Próspero
Ahora que mi magia se ha acabado
y la fuerza que tengo es mía sola, y es poca...

Sebastián
... podéis retenernos aquí
o dejarnos ir a Nápoles.

Antonio
Puesto que su ducado recobró
y perdonó al traidor...

Alonso
... no nos dejéis en esta isla perdida
y de este encantamiento
liberadnos con vuestro aplauso.

Miranda
Que vuestro aliento hinche las velas

Fernando
O fracasará nuestra intención,
que siempre fue la de agradar.

Contramaestre
Sin potestad sobre espíritus ni magia,
seremos presas de la desesperación,

Gonzalo
A menos que os conmueva
nuestro ruego y podáis disculpar
nuestros errores.

Calibán
Del mismo modo que por vuestras faltas seréis perdonados.

Miranda
Nos conceda ser libres vuestra indulgencia.

Queda la selva. Un barco se aleja. Telón.

"Todo lo que las palabras pueden hacer es apuntar en la dirección del misterio. Que hable solo el amor."

FIN

ÍNDICE

María Caudevilla

Formada en Artes Escénicas y danza en Londres y Nueva York, María Caudevilla es Doctora Internacional por la Universidad Complutense de Madrid y la London University, así como miembro del Grupo de Formación 2007 del Teatro de La Abadía. En el 2008, funda Baraka Teatro, cuyas creaciones han obtenido el Premio a la Creación Contemporánea y tres nominaciones a los Premios Max de las Artes Escénicas. Ha sido finalista en el XIV Certamen de Directoras de Escena, en Talent Madrid y en Cultura Inquieta. En el 2012 recibe la Medalla Especial del CELCIT por su contribución al desarrollo de las Artes Escénicas Iberoamericanas. Colabora asímismo con instituciones como el Teatro Español y el Centro Dramático Nacional.

www.mariacaudevilla.com
www.barakateatro.com
Instagram: @barakateatro